徳之島町史　自然編

恵みの島

Natural history of
Tokunoshima island

徳之島町

町長あいさつ

　このたび徳之島町史『自然編』を刊行いたします。カラー写真をふんだんに使い、わかりやすい表現を心掛けました。ぜひ多くの方にお読みいただきたいと願っております。

　徳之島町史編纂事業は平成30年度に始まり、これまでに記念誌や資料集など4冊の本を刊行して参りました。5年計画の事業で、残り1年半ほどとなりましたが、本書に加えて『地域編』、『通史編』の計3冊を刊行する計画です。また、編纂事業終了後の令和5年度には『簡易版』も刊行する予定です。

　たいへん目出度いことに、本書刊行に合わせるように7月26日、徳之島は奄美大島・沖縄島北部・西表島とともに、そのコア地域を対象としたユネスコの世界自然遺産登録が決定されました。世界でも貴重な動植物が数多く棲息していることが指定の理由です。

　本書は徳之島の地質岩石、植物、動物、海の生き物の構成で徳之島町を中心に紹介しています。本町の特色としては、地質・岩石が変化に富んでいることや河川の多さが挙げられます。このため地形が起伏に富み、土壌も北部は古生代地層が広がる強い酸性を示し、南部は隆起サンゴ礁が覆う強アルカリ質であることから、その上に育つ植生も多様です。当然そこに暮らす動物や昆虫も多種多様です。徳之島の東側に面した本町の海岸線には島内最大級のサンゴ礁が広がっており、その海に十五夜の月が水平線から上ってくる姿は圧巻です。世界自然遺産の島に住んでいる私たちは、それだけでも大変贅沢なことだと思います。

　島外の方のみならず、町内に住んでいる方々もぜひ本書を片手に自然散策を楽しんでみられてはいかがでしょうか。世界有数の貴重な自然の豊かさに驚かされるのではないかと思います。

町花 オオハマボウ

町木 アダン

高岡 秀規

徳之島町史「自然編」 恵みの島

目次

はじめに

第1章 徳之島の地質と岩石

第2章 徳之島の植物

はじめに

1　中琉球の成立と生物の渡来

　　南西諸島は鹿児島県南端から台湾に至る多くの島々の連なりです。大隅諸島、トカラ列島、奄美群島、沖縄島とその周辺離島、宮古列島、八重山列島からなる 1,000 kmを超える列島で、琉球弧とも呼ばれます。個性豊かな島々で構成されていますが、海の深さに注目すると 2 か所に切れ目があることが分かります。ひとつはトカラ列島の悪石島と小宝島の間のトカラ海峡で、もうひとつは沖縄諸島の久米島と宮古島の間のケラマ海裂です。これらはトカラギャップ、ケラマギャップとも呼ばれ、南西諸島を 3 地域に分断しています。トカラ海峡の北を北琉球、ケラマ海裂より南を南琉球、そして、その間に位置する奄美群島と沖縄島周辺は中琉球と呼ばれます。徳之島も中琉球に属しています。

　　この考え方は生物の分布に基づいた生物地理学により 20 世紀初頭から提唱されていたものです。表1に示すように、北琉球の生物は本土との共通種、南琉球は台湾や中国大陸との共通種、中琉球は中琉球固有種で構成されています。

　　当時の研究者は中琉球（沖縄・徳之島・奄美大島）に生息する特異な固有種（ハブやキノボリトカゲなど）の近縁種の主たる生息地がアジア南部であることに注目して、中琉球の生物はアジアの南方系の生物種群（東洋区、インド・マレー区）であると考えました。

　　中琉球の固有種はこの数百万年の間に南か

表 1　南西諸島の特徴的な動植物種（北琉球・中琉球・南琉球）

グループ	種子島・屋久島	中琉球	石垣島・西表島
ネズミ	アカネズミ	ケナガネズミ・トゲネズミ	－
ウサギ	－	アマミノクロウサギ	－
ジネズミ	ホンドジネズミ	ワタセジネズミ・オリイジネズミ	－
カケス	カケス	ルリカケス	－
クサリヘビ	ニホンマムシ	ハブ・ヒメハブ	サキシマハブ
コブラ	－	ヒャン・ハイ	イワサキワモンベニヘビ
マダラヘビ	シロマダラ	アカマタ	サキシママダラ
ナメラ	アオダイショウ	－	サキシマスジオ
トカゲ	ニホントカゲ	バーバートカゲ・オオシマトカゲ	イシガキトカゲ
アカガエル	ニホンアカガエル	アマミアカガエル	ヤエヤマハラブチガエル
ハナサキガエル	－	アマミハナサキガエル	オオハナサキガエル
イシカワガエル	－	イシカワガエル	－
イモリ	アカハライモリ	シリケンイモリ・イボイモリ	－
アユ	アユ	リュウキュウアユ	－
マルバネクワガタ	－	アマミマルバネクワガタ	ヤエヤママルバネクワガタ
センチコガネ	オオセンチコガネ	オオシマセンチコガネ	キボシセンチコガネ
ホタル	ヒメボタル	クロイワボタル	サキシマボタル
カンアオイ	ムラクモアオイ	ハツシマカンアオイ	エクボサイシン
テンナンショウ	ナンゴクウラシマソウ	アマミテンナンショウ	－
ツツジ	ヤクシマヤマツツジ	ケラマツツジ	サキシマツツジ
スミレ	ヤクシマスミレ	ヤクシマスミレ	ヤエヤマスミレ

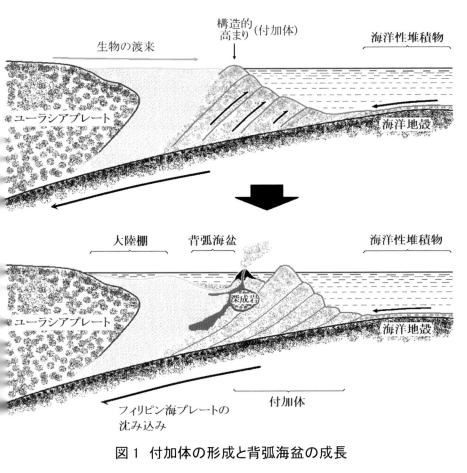

図1 付加体の形成と背弧海盆の成長

ら南西諸島を北上してきたと考えられてきたのですが、残念ながらこの時期は氷河期に向かって気温が次第に低下していた時期なので、生物の北上は難しかったでしょう。

では、中琉球の生物はどこからやってきたのでしょう。生物の渡来は南西諸島の成立の地史が大きく関わってきます。地質学的には南西諸島の基盤は中生代から新生代にかけての付加体コンプレックス（24ページの図33を参照）です。難しい表現ですが、恐竜が生息していた中生代に太平洋の底に降り積もった泥が1億年く

らいかけて海面上に押し上げられて南西諸島が出来上がったということです。図1に示すように、太平洋の海洋底に降り積もった堆積物はフィリピン海プレートがユーラシアプレートに沈み込むときに剥ぎ取られて押し上げられます。この堆積岩の層を付加体と呼びます。現れた場所は大陸棚の端であったと想像できます。大陸の端に現れた新しい土地に動植物が分布を広げた後に、プレートの沈み込み角度が急になり、大陸側が引っ張られて裂け目となり主海盆を形成します（31ページの図41, 42参照）。これは沖縄トラフと呼ばれるもので、東シナ海の礎となりました。

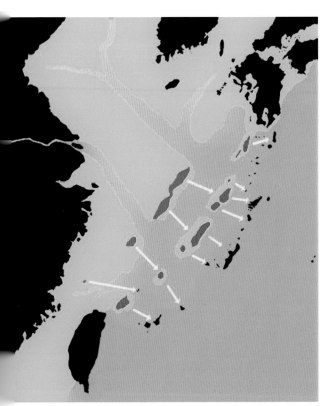

地図としての変化を想像してみると図2のようになります。生物界では明確な分布境界が認められる場所には海や大河などの障壁が存在します。北琉球と中琉球の間に位置するトカラ海峡は渡瀬ラインという生物境界になっていますから、ここに古い黄河が流れ出ていたと考えられています。中琉球と南琉球の間のケラマ海裂は蜂須賀ラインという生物境界がありますから、ここに古い長江（揚子江）が流れ出ていたと想像できます。

二つの大河に囲まれた付加体は大陸から切り離され、現在の南西諸島の位置に数百万年かけて分裂しながら散らばっていきます。大陸側に残った同じ系統の動植物は海面の上昇、氷河期の到来、進化した種との競争、肉

図2 南西諸島の成立の想像図

食獣の捕殺圧などを乗り越えることができずに絶滅したのでしょう。この仮説に鹿児島大学の岡野先生が『中新世の方舟（はこぶね）』という素晴らしい名前を付けてくれました。

　現在は多くの動物の遺伝子から近縁種との分岐年代を推定することができます。中琉球の飛翔できない哺乳類、爬虫類、両生類では1,000万年前以上の古い時代に分かれたことが報告されています。

2　徳之島の特徴

　南西諸島は火山島や堆積岩の島、琉球石灰岩の島など様々な島々で構成されています。奄美群島で見てみると、徳之島や奄美大島は高島と呼ばれる標高が高い山を有する島です。一方、喜界島や沖永良部島、与論島のように標高の低い島々は低島と呼ばれます。高島の山には森林が発達し、多くの動植物の生息地になっています。表2は中琉球を代表する高島である奄美大島、徳之島、沖縄島の代表的な動植物の違いを表したものです。

　中琉球が大陸から離れた年代は確定していませんが、1千万年前から200万年前のあいだでしょう。大陸から切り離された『中新世の方舟』が奄美大島、徳之島、沖縄島に分かれたのは200万年前から100万年前のことです。この数百万年の間に、何とか生き延びることができたり、絶滅したり、分化して固有種に進化したりして現在のよ

表2　奄美大島、徳之島、沖縄島の特徴的な動植物種

グループ	奄美大島	徳之島	沖縄島
トゲネズミ	アマミトゲネズミ	トクノシマトゲネズミ	オキナワトゲネズミ
ウサギ	アマミノクロウサギ	アマミノクロウサギ	－
ジネズミ	オリイジネズミ	オリイジネズミ	－
キツツキ	オーストンオオアカゲラ	－	ノグチゲラ
アカヒゲ	アカヒゲ	アカヒゲ	ホントウアカヒゲ
ハブ	奄美・徳之島型	奄美・徳之島型	沖縄型
ヒャン	ヒャン	ハイ	ハイ
トカゲモドキ	－	オビトカゲモドキ	クロイワトカゲモドキ
トカゲ	オオシマトカゲ	オオシマトカゲ	オキナワトカゲ
アカガエル	アマミアカガエル	アマミアカガエル	リュウキュウアカガエル
イシカワガエル	アマミイシカワガエル		イシカワガエル
ハナサキガエル	アマミハナサキガエル	アマミハナサキガエル	ハナサキガエル
イモリ	シリケンイモリ		シリケンイモリ
アユ	リュウキュウアユ		絶滅
クワガタムシ	アマミマルバネクワガタ	アマミマルバネクワガタ	オキナワマルバネクワガタ
	スジブトヒラタクワガタ	スジブトヒラタクワガタ	－
	－	ヤマトサビクワガタ	－
ダイコクコガネ	マルダイコクコガネ	マルダイコクコガネ	
カンアオイ	ミヤビカンアオイ	ハツシマカンアオイ	ヒナカンアオイ
テンナンショウ		トクノシマテンナンショウ	
		オオアマミテンナンショウ	
	アマミテンナンショウ	アマミテンナンショウ	オキナワテンナンショウ
エビネ	アマミエビネ	トクノシマエビネ	カツウダケエビネ

犬田布岬から望む小原海岸
（琉球石灰岩の台地）

井之川岳から望む天城岳（付加体）

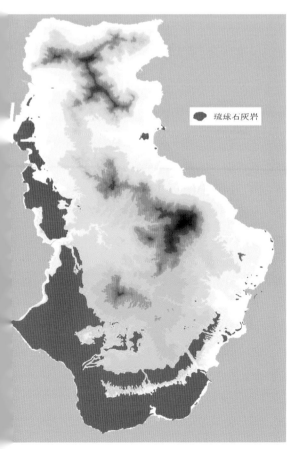

図3. 徳之島の琉球石灰岩の分布図

うな島による違いになりました。

　この表から分かることは、以下のようになります。

① 徳之島と奄美大島の共通種が多い。（アマミノクロウサギ、アカヒゲ、アマミテンナンショウなど）

② 沖縄との共通種もある。（オビトカゲモドキ、ハイなど）

③ 徳之島には生息していない固有種もある。（イシカワガエル、シリケンイモリ、アセビなど）

④ 徳之島固有の種もある。（トクノシマトゲネズミ、トクノシマテンナンショウ、トクノシマエビネなど）

　注目に値するのは、徳之島でも一部の種に孤島としての分化が起きていることです。さらに、表1，2には記載しませんでしたが、日本では徳之島だけに生き延びたという種もあります。タイワンアマクサシダや最近発見されたムシャシダ、ホウザンツヅラフジ、ウンブギアナゴなどです。しかし、徳之島は奄美大島と近い生物環境を持っていることは明白です。奄美大島と徳之島は兄弟島なのです。

　同じ高島ですが、奄美大島と比べると徳之島はずいぶん異なった形をしています。奄美大島は海の中に山地がそびえているイメージですが、徳之島は麦わら帽子か空飛ぶ円盤が海に浮いているように見えます。この麦わら帽子のつばの部分の多くは琉球石灰岩の台地です。

　奄美大島も徳之島も島の基盤となっているものは1億5千万年から5千万年くらい前に太平洋の底に降り積もった沈殿物とその中に貫入した深成岩を起源に持つ付加体ですが、その後の島のでき方には大きな違いがあります。奄美大島は雨で削られたり、断層で引き裂かれたりして少しずつ沈んでリアス式海岸を持つ島になっています。一方、第四紀更新世の徳之島では隆起と沈降もしくは海水面の上昇と下降の繰り返しにより、浅い海で成長する造礁サンゴによる厚い石灰岩の層を周囲に発達させてきました。

　図3に徳之島の琉球石灰岩（新生代第四紀更新世海成層石灰岩）の分布を示しました。琉球石灰岩は標高200mに近い高さまで広い範囲に分布しています。石灰岩の台地に降った雨

は地下の川(暗川)と鍾乳洞を造り海に注ぎます。石灰岩にある数多くの水の流れる隙間から水蒸気がもたらされ、湿度の高い森が点在するのも、琉球石灰岩の台地の特徴です。高湿度で塩基性土壌を好むコモチナナバケシダ、アコウネッタイラン、オオナギラン、オオアマミテンナンショウなどの自生地になっています。

3 奄美群島国立公園と世界自然遺産

　奄美群島国立公園は2017年3月7日に我が国34番目の国立公園として指定されました。多くの固有の動植物が生息する自然と、住民の生活と深くかかわってきた歴史を持つ「環境文化型の国立公園」という特徴がうたわれています。自然環境や景観だけではなく、住民と自然との長い関わり合いを含めて保全するという考え方です。

　奄美大島では状態の良い広葉樹林が国立公園の大部分を占めますが、徳之島では山域だけではなく、高い場所では100mを超えるほどに発達した琉球石灰岩の台地に残る自然度の高い部分も国立公園に指定されているという特色があります。

　国立公園指定後に、車両通行の増加による希少野生動物の事故死などによる殺傷や生息環境の悪化、希少野生植物の盗掘や損傷、国立公園としての利用体験の質の悪化などが懸念されたため、公園内深部に位置している3本の林道(林道山クビリ線、林道剝岳線、林道三京線)にはゲートが設けられ進入禁止となりました。林道を通行するには、認定エコツアーガイドのツアーに申し込むか、林道通行の事前申請が必要になりました。現在は徳之島の国立公園区域は林道が限られていることもあって、生活環境と隣接しているものの自然環境は良好な状態で保たれています。

　2021年7月26日、奄美・沖縄に生息する多くの固有種の多さとその生態系の多様性が評価され世界自然遺産に登録されました。「奄美大島、徳之島、沖縄島北部及び西表島世界自然遺産」という長い名称です。

　奄美・琉球は2003年に小笠原諸島、知床半島とともに世界自然遺産候補地として認められ、2018年のIUCNによる登録延期勧告と2019年の再申請、新型コロナウイルス感染拡大による審査延期などを経て2021年7月にユネスコ世界遺産委員会で登録が決定されました。多くの島民の生活する場所に隣接し、昔から利用してきた普通の森が世界自然遺産の推薦区域や緩衝地帯として登録されています。

徳之島では裏山が世界自然遺産という集落も数多く存在します。サトウキビ畑にアマミノクロウサギ、裏庭にオビトカゲモドキやイボイモリがいるということも徳之島では珍しいことではありません。これまで以上に、徳之島のどこからでも見える世界自然遺産を大切に見守っていくことが大切です。

集落や畑が特別保護区と隣接する手々

花崗岩からできた景勝地ムシロ瀬

第1章　徳之島の地質と岩石

1　徳之島の地形の特徴

Ⅰ　近海の海底地形

　徳之島は奄美群島の中央部付近にある島(図1)で、南北方向はクサデン石から伊仙崎まで約25.5km、北部での東西幅は崎原崎から金見崎まで約7km、南部での東西幅は犬田布（いぬたぶ）岬から南原まで約13km となっていて、南北に長い台形状をしています(図2)。周囲は約90km、面積は約250km²で、奄美群島では2番目に大きく、日本でも11番目の大きな島です。

　奄美群島は地質学的には琉球列島、あるいは琉球弧と呼ばれる島弧（弓なりになった島の連なり）の一部に相当します(図3)。琉球列島は北の種子島付近から南の与那国島まで、約1,300km にわたって点々と連なる島々からできていて、一般的には南西諸島と呼ばれます。

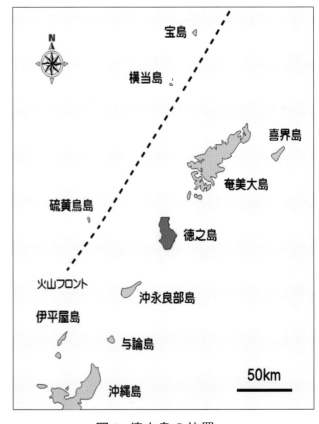

図1　徳之島の位置

6

図2 徳之島の赤色立体地図
（国土地理院による図を改変）

後で述べるように、太平洋側にあるフィリピン海プレートがユーラシア大陸に沈み込む影響で、沖縄トラフ（図3）と呼ばれる凹地が拡大し琉球列島（南西諸島）ができました。

琉球列島の東側には、緩やかな大陸斜面に続いて深い溝状の海である琉球海溝（南西諸島海溝）があり、琉球列島と平行に伸びています（図3）。海溝の地形は起伏に富んでいて、最大水深は沖縄島南東部で7,500m近くもあります。徳之島の沖合では奄美海台という高まりや北大東海盆という窪みがあり、水深は3,500～6,000mと複雑に変化しています。この海溝はフィリピン海プレートの沈み込みにより、陸側が引きずり込まれてできたもので、北側の延長部にあたる四国沖では南海トラフ（32ページ参照）と呼ばれる比較的浅い海になっています。

奄美海台は北大東海盆の北側にある海洋底から盛り上がった台地状の地形で、ここには海中にそびえる海山が数多くあり、それらには井之川海山や手々（てて）海山・金見海山・喜念（きねん）海山など、徳之島の地名がつけられています。海山の高さは1,500m程度あり、海底から独立した円錐形の山、それらが複数連なった山などがあります。海山はマグマが冷え固まった火山岩からできており、もともとは白亜紀につくられた古い島弧にできた活火山でしたが、長い年月の間には活動を止めてしまいました。

徳之島周辺の海底地形を見ると、島の東側は比較的緩やかに深くなっていますが、西側はいきなり深くなり断崖状になっています（図4）。徳之島と沖永良部の間には沖永良部海盆という、北側が落ちた断層がつくる水深900～1,000mの凹地があります（図5）。

この海盆の北部分は西側が落ちて断層につながっていて、それが徳之島西側の海底崖をつくっています。これに対し島の東側は、琉球海溝へと続く大陸斜面と呼ばれる緩やかな斜面の一部になります。

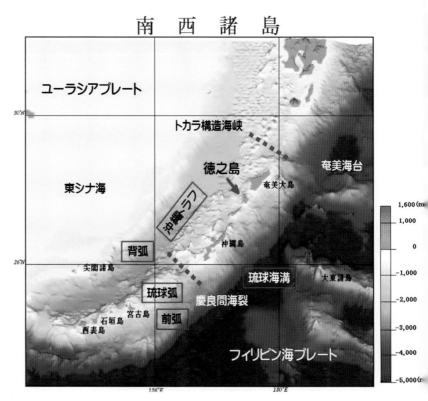

図3 琉球列島と琉球海溝、沖縄トラフ
（海上保安庁第十一管区海上保安本部による図に加筆）

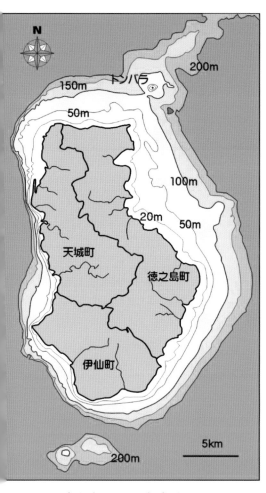

図4 徳之島周辺の海底地形図
（海上保安庁による図を元に作成）

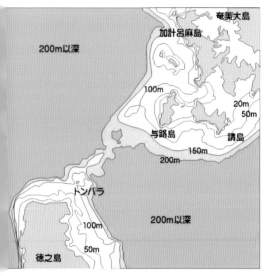

図6 徳之島と与路島・請島間の海底地形

徳之島北部の金見崎北東部にはトンバラがあります。トンバラから北東方向へは、水深200m程度の浅い海が与路島・請島まで続いています（図6）。地球の長い歴史の中でここ260万年間を第四紀と呼んでいますが、第四紀は寒い氷期と暖かい間氷期が約10万年周期で繰り返しています（40ページ参照）。氷期には高緯度地方で氷河が発達するため、海水面は130mほど下がることが知られています。

したがって氷期には金見崎と与路島・請島の間は水深50mほどしかなく、今と比べ浅い海であったことになります。ただ、徳之島北部と奄美大島南部は土地が沈む（沈降）傾向にあり、古い時代の氷期にはもっと浅かったかもしれません。最も新しい氷期（最終氷期）の最寒冷期は今から3万〜2万年前でした。この付近が年間に1mm沈んだとして3万年間には30mほど沈んだことになります

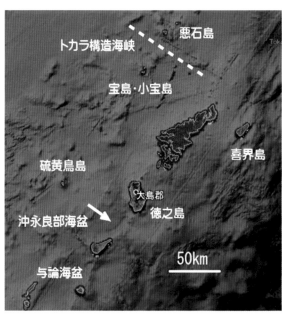

図5 徳之島近海の海底地形図（グーグルアースを使用し文字を加筆）

奄美大島北部トカラ列島宝島・小宝島と悪石島との間にはトカラ構造海峡があり、生物分布の渡瀬線に一致しています。

が、それでも徳之島と与路島・請島間はつながることができませんでした。しかし、後で述べるように地球の長い歴史の中では、琉球列島中部では大きな地殻変動が続いて、土地が持ち上がったり沈んだりを繰り返しているので、徳之島と奄美大島が陸続きであった時代もありました。

Ⅱ　地形の特徴

奄美群島の島々は高島タイプの奄美大島・徳之島、低島タイプの喜界島・沖永良部島・与論島と二つのタイプに分かれています（表1）。この違いは島々の地質（岩石）の違いを反映しています。琉球列島の高島タイプの島は、一般に古い時代に海底にたまった砂岩や泥岩・花崗岩からできていて、低島タイプの島は石灰岩を主とする新しい地層からできているとされます。たしかに奄美大島・徳之島は

約１億年前にたまった地層が土台になっていて、喜界島や沖永良部・与論島はほとんどが若い時代の石灰岩からできています。しかし、琉球列島全体を見ると全てがこれに当てはまるわけではなく、例外的な島もあります。

表1　奄美群島の島々の特徴　　比較のため沖縄島を入れてあります

島　名	面積k㎡	最高点標高m	最高点名称	主要な岩石	備　　考
徳之島	247.9	644.9	井之川岳	砂岩・泥岩（頁岩）・花崗岩・サンゴ石灰岩	海岸部を中心にサンゴ石灰岩が分布
奄美大島	712.4	694	湯湾岳	砂岩・泥岩（頁岩）・チャート	北部の狭い範囲にサンゴ石灰岩が分布
加計呂麻島	77.4	310.3	俵集落西方三角点	砂岩・泥岩（頁岩）・チャート	サンゴ石灰岩は見られない
喜界島	56.8	204	百之台	サンゴ石灰岩・泥岩	基盤の岩石は早町層の泥岩
沖永良部島	93.7	240	大山	サンゴ石灰岩	わずかに砂岩・泥岩（頁岩）・花崗岩が分布
与論島	20.6	97.2	朝戸集落西方三角点	サンゴ石灰岩	低変成度岩石が一部に分布
沖縄島	1207	453	八重岳	砂岩・泥岩（頁岩）・泥岩・サンゴ石灰岩	古い時代の石灰岩も分布

　徳之島は高島タイプの島ですが、奄美大島と違って低くて平らな台地が山地の裾野を取りまいています（図2）。奄美大島の山地は侵食作用で削られ、頂上部が平坦になった平原的な地形ですが、徳之島の山地はさらに侵食が進み、頂上部が少し尖っています。天城町側から北部の山地を見ると、少し尖った山頂の連なりがちょうど人が寝ているように見え、寝姿山と呼ばれ親しまれています（図7）。

　ところで奄美大島や沖永良部島・喜界島は、島の軸が北々東から南々西に伸びていますが、徳之島の軸はほぼ南北になっていて（図1）、山地もそれに合わせ南北に連なっています。このような徳之島の他島とは違う外形は、徳之島の土台をつくる約１億年前の地層に、花崗岩が地下の広い範囲で入り込んでいるのが原因です。約１億年前の地層は北北東から南南西に伸びていますが、花崗岩はそれらを円形〜楕円形状に貫いています。このため、約１億年前の地層の伸びに影響されることがありませんでした。また、徳之島では約100万年前以降にできた石灰岩が、南部を中心に広く覆っていますが、このことも理由の一つになります。

　奄美大島や沖永良部では花崗岩が少なく、島の土台をつくる約１億年前の地層が北北東から南南西に伸びていて、それに平行するような島の形になっています。喜界島は数百万年前以降に堆積した泥の地層（島尻層群早町層）と数十万年前以降に堆積した石灰岩からできていますが、島は琉球海溝の伸びる方向と平行です。

　徳之島の山地は北部の天城岳から南部の犬田布（いぬたぶ）岳まで、ギクシャクと折れ曲がるように南北に連なり、背骨のような山地をつくっています。背骨にあたる部分は島の中央から少し東側

　　　　　　　　図7　寝姿山

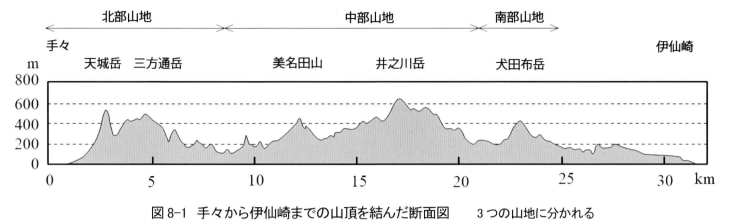

図 8-1　手々から伊仙崎までの山頂を結んだ断面図　　３つの山地に分かれる

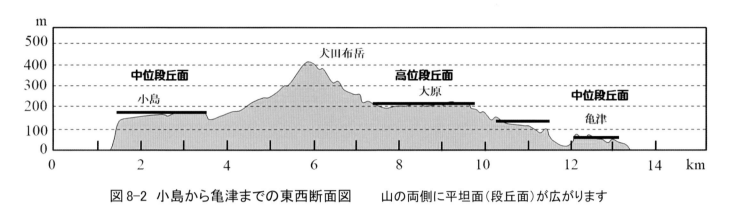

図 8-2　小島から亀津までの東西断面図　　山の両側に平坦面（段丘面）が広がります

にかたよっています。徳之島の最高峰は井之川岳で 645m、それに続く天城岳は 533m です。山地は主に徳之島北部と中央部に分布し、山の高さで見ると山地は大きく 3 つの山塊に分かれます(図8-1)。

　徳之島南部の伊仙町付近は緩やかに傾いた台地が広がり、徳之島町の東側海岸沿いにも緩やかな台地が連なっています。これらの台地はかつて海の底であった場所で、それが隆起してできた海岸段丘（海成段丘）と呼ばれる台地になります(図8-2)。よく観察すると何段かの階段状になっています。もっとも高い段丘面（高位段丘面）は標高 240m 程度で、大原付近から白井・八重竿（やえぞう）・糸木名付近の山麓にあり、中位の段丘面は標高 110～50m 付近にあります。徳之島町亀津付近にある標高 70～50m の平坦面は亀津面と呼ばれ、今から十数万年前の間氷期（酸素同位体ステージで 5e と呼ばれる時代）に海底であった場所です。

酸素同位体と気候の変化

　酸素には質量数（原子の重さのこと）が 16 と 18 があります。寒い時期の海水中には重い 18 が多く含まれ、暖かい時期には軽い 16 が多く含まれる性質があります。原生動物である有孔虫の殻には酸素が含まれていて、酸素の質量数の比を求めると寒暖の変化が分かります。それにより地球は約 10 万年周期で寒暖を繰り返していることが分かりました（40 ページの図 59 参照）。そこで暖かい時期（間氷期）を奇数、寒い時期（氷期）を偶数で表すようにし、さらにそれらを a、b、c・・・と細分するようにしました。５ e は今から約 13 万年前の温暖期に相当し、酸素同位体ステージ（MIS：Marine Isotope Stage）5e と表現します。

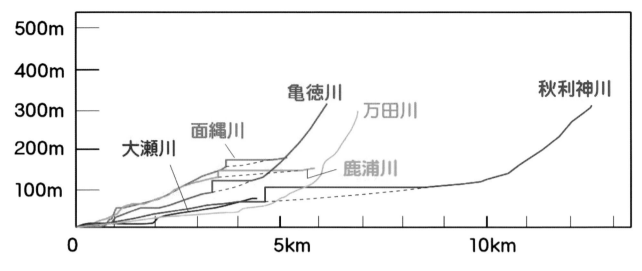

図9 徳之島の主な河川の縦断曲線　ダムの部分は推定流路を点線で示しています

　徳之島を流れる河川は山地の分布に影響され、中央部から放射状に海岸に向かって流れています。いずれも小さな河川で、最長の秋利神（あきりがみ）川でも約12km、他の河川はせいぜい4〜6ｋｍです（図9）。川の長さは短いですが急流で、とくに西側へ流れる川は土地を深く削り、場所によっては秋利神川や鹿浦（しかうら）川などのように、深さ100mに達する峡谷をつくっています。また、石灰岩地帯では直線的に流れています。

　一般に河川は下流〜中流でなだらかな平野をつくり、上流ではV字に深く刻まれた谷をつくっています。ところが図10にあるように、徳之島では多くの川が下流で深い谷をつくり、中流で谷が浅くなっています。このような深い谷が刻まれている場所にはサンゴ石灰岩があります。石灰岩が川の水で削られる作用以外に、水で溶かされる溶食作用も大きく働いていることが分かります。中流部ではまだよく固まっていない砂礫層が薄く分布し、その下には硬い砂岩や頁岩の層があります。このため側方への侵食が強く、あまり深い谷ができなかったようです。

　また、秋利神川や大瀬川の中流では川が曲がって流れる蛇行があります。他地域の大きな川の場合、下流では水が自由に流れて川の流路が曲がり蛇行がつくられますが、徳之島の場合は硬い岩石が分布する所を避け、柔らかい砂礫層を削って流れて蛇行ができています。徳之島の場合、他地域の大きな川に見られるような沖積平野や三角州などはありません。これは河川が短く流量が少ないこと、山が海に迫っていること、石灰岩が多いことなど様々な要素が影響しています。

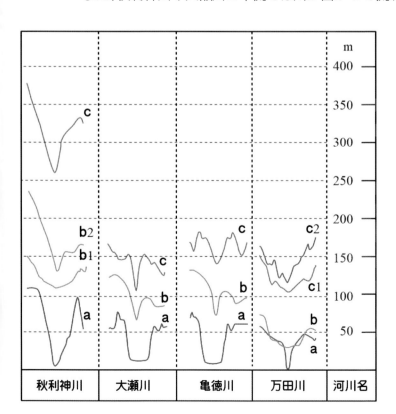

図10 右岸から左岸側への断面図
　　a：下流域　b：中流域　c：上流域
　どの川も下流域に深い谷があります。花徳の万田川は中流域に広い平坦地があり、秋利神川でも三京（みきょう）地域に平坦地があります。なお川の上流側から下流側を見て、左が左岸です。

徳之島の滝

徳之島の川にはいくつかの滝があります。一般的な滝は、断層があるところ、地層をつくる岩石の種類が違うところ、岩石の硬さが変化するところなどに見られます。徳之島でも同じような原因で滝ができていますが、中には石灰岩の崖に滝ができたものもあります。

徳之島でよく知られているのは，徳之島町の下久志海浜公園に向かう途中の幸福の滝です。滝は海岸近くに分布する枕状溶岩にかかっています。水の量はそれほど多くありませんが、細長く落ちていて優美な姿を見せています。近くには夢創滝（タンギョの滝）もあります。徳之島町には、大瀬川中流にできたタキンシャがあります（108 ページ参照）。以前は子ども達の遊び場でもありましたが、現在は草に覆われアクセスは悪いです。幸福の滝と同じように硬い砂岩や泥岩にかかっています。高さはそれほどありませんが水量が多く、滝幅もあり、見応えのある滝になっています。

幸福の滝

伊仙町小島の小原展望所近くにはウトゥムジの滝（小原の滝）がありますが、これは海岸に露出している石灰岩の崖にかかっている滝で、海岸に降りると崖から海に水が直接落ちている様子が見られます。崖には鍾乳石が直接張り付いており、あまり見かけることのない光景です。崖の高さは30m近くあり、そこから水が落ちる様子は勇壮です。

ところで、ウトゥムジの滝の北側には上成川がありますが、ここの海岸付近では少し急流になっている程度で滝はできていません。このような違いが起こった原因は、二つの川の水量が違うことであり、ウトゥムジの滝の方は水量が少なく、石灰岩台地を深く削る下方侵食が弱いためです。

天城町西阿木名の海岸でも、ウトゥムジの滝にあるような崖にかかる鍾乳石が見られます。ここでは崖の途中から地下水が染み出ています。徳之島ではその他に阿権の滝があり、旧道の橋から見ることができます。

崖からしみ出す地下水でできた鍾乳石

Ⅲ カルスト地形

徳之島では南部を中心に石灰岩が広く分布しています(図 21)。徳之島町では亀津周辺から尾母 (おも) にかけ、山地を取り巻くようにわずかに分布しているだけですが、伊仙町の喜念付近から天城町平土野 (へとの) にかけてはサンゴ石灰岩が厚く堆積しています。とくに犬田布から西阿木名にかけては石灰岩が厚く、そこには石灰岩地帯に特有なカルスト地形(図 11)ができています。日本でのカルスト地形は山口県の秋吉台がよく知られていますが、隣の沖永良部島や与論島でも見ることができるのです。

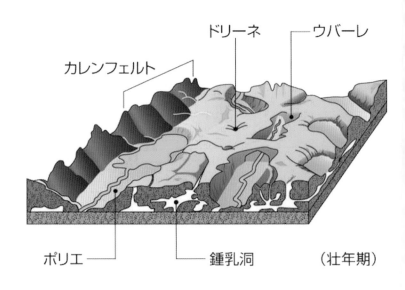

図11 カルスト地形 (小学館デジタル大辞泉より)

　カルスト地形を特徴づけるものは、鍾乳洞とドリーネ・カレンフェルトですが、徳之島ではカレンフェルトははっきりしていません。カレンフェルトは石灰岩が溶けてできた石灰岩柱が、羊が群れをつくっているように見えるものです。

　石灰岩は炭酸カルシウム ($CaCO_3$) という化学組成を持っていますが、これは二酸化炭素 (CO_2) を含む水に溶け、カルシウムイオン (Ca^{2+}) と重炭酸イオン (HCO_3^{2-}) に変化する性質があります。この作用は化学的風化の一種で溶食作用と呼ばれます。

　空から降ってくる雨水は、わずかですが二酸化炭素を含んでいます。このため地表面や地下にある石灰岩は水に溶かされていきます。地表面に降った雨水が石灰岩を溶かしてできた窪みがドリーネで、染みこんだ雨水が地下水となり、石灰岩を溶かしてできた洞穴が鍾乳洞になります。石灰岩の溶けやすさは石灰岩の硬さ、隙間の有無、二酸化炭素の量が関係しています。徳之島の石灰岩は隙間が多く、また気温も高く雨も多いため、本土と比べ溶食作用が速くなります。

　徳之島では検福の銀竜洞や小島の鍾乳洞、義名山のヨヲキ洞穴などいくつかの鍾乳洞が知られていますが、沖永良部島に比べ長さ・高さなどの規模は小さいです。それでも内部には鍾乳石や石筍、それらが連なった石柱ができています。また、面縄 (おもなわ) の面縄洞穴・義名山のヨヲキ洞穴、西阿木名の下原洞穴など古代の人々の生活の場になっていた洞穴もあります(図 12)。今のところ徳之島町内では洞穴内での遺跡は発見されていません。

　ドリーネは石灰岩が溶食されてできた浅い凹地です(図 11)。徳之島町内でははっきりしたドリーネは見られませんが、伊仙町小島から天城町西阿木名にかけてはたくさん分布しています(図 13)。大きなものでは

図12 下原洞穴遺跡入り口の鍾乳石

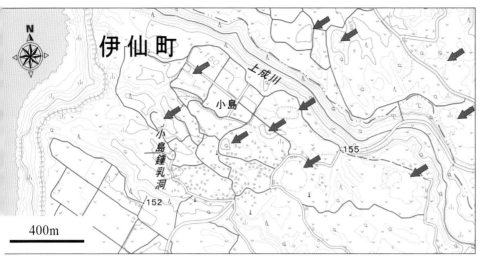

径100m程度、深さ20m近くになるようなものもあります。後から述べるように、伊仙町小島ではこの中に約3万年前に鹿児島湾奥から噴出したAT火山灰が堆積していることから、少なくとも数万年前にはできていました。

ドリーネは単独で散在することが多いですが、ときに

図13　伊仙町小島、天城町西阿木名のドリーネ　矢印部分
（国土地理院の地形図を利用）

はいくつも連なって浅い谷になっていることがあり、ウバーレと呼ばれています。徳之島でははっきりしたウバーレはありませんが、天城町の犬之門蓋（いんのじょうふた）付近や伊仙町小島では小規模なドリーネが陥没し、それが連なってウバーレ状になっている場所もあります。

図14　石灰岩の間からの湧き水（矢印）でできたミニドライバレー

伊仙町の石灰岩地帯ではドライバレー（乾谷）と呼ばれる浅い谷があり、犬田布岳山麓付近から海岸に向けて伸びています。普段は地下に水が流れる枯れ川で、谷の内側はサトウキビ畑などに利用されています。ドライバレーは石灰岩が溶食されてできた谷で、日本では例が少なく珍しい地形です。

犬之門蓋では石灰岩の間から滲みだした地下水が、下側にある石灰岩を溶食してできた浅い溝が数多くあります（図14）。これは秋利神川や鹿浦川などの峡谷、ドライバレーのミニチュアと言えるものです。

Ⅳ　海岸の地形

徳之島では島の周囲にサンゴ礁が発達しています。サンゴ礁地形は裾礁・堡礁・環礁と大きく3つに分けられていますが、徳之島のサンゴ礁は島の裾野を取り囲むようにできていることから裾礁になります。

裾礁の地形は海側から礁斜面・礁原（礁嶺）・礁池（礁湖；ラグーン、方言でイノー）・砂浜に区分されています（図15）。

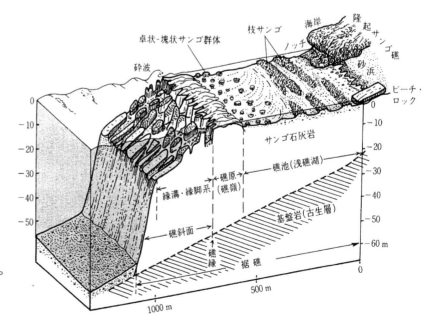

図15　裾礁の地形模式図

14

リーフギャップ

礁原（礁嶺）

礁池（イノー）

台風で打ち上った石

砂丘

砂浜

図16 金見崎の裾礁　礁原・礁池（礁湖）・砂浜がはっきりしていて、陸側には砂丘があります

　場所によっては伊仙町喜念浜や金見の海岸、諸田（しょだ）の海岸のように、砂浜の背後に砂丘ができていることもあります（図16）。徳之島の東側海岸では裾礁が広いですが、南側から西側にかけてはあまり発達しておらず、荒波が打ち寄せる岩石海岸になっています。

　礁原は一般にリーフと呼ばれ、波を和らげる働きをしています。礁原にはリーフギャップと呼ばれる細い切れ目があり、ここを通って礁池に海水が流れ込んだり、逆に抜けたりします。このため、リーフギャップ付近には強い流れが生まれます。リーフの幅は数m～20m程度で比較的狭いです。礁池は礁原に守られて波が静かで、穏やかな環境で多様な生物が生活する場になっています（99ページ参照）。深さは1m以内の場合が多いですが、まれに数mに達することもあります。

　このような礁原・礁池が発達していない海岸、隆起した石灰岩がむき出しになっている海岸では、石灰岩の溶食でできた特有な地形が見られます。徳之島町黒畦や伊仙町伊仙崎の海岸などでは、石灰岩が溶食され尖った針のようになっています（図17）。このようなものをピナクルと呼んでいますが、カレンフェルトのミニチュアというべきものです。また、同じ場所では石灰岩表面に底が平らな浅い凹地ができています。これはカメニツァと呼ばれるもので、雨水や海水の飛沫などで石灰岩が溶食されてできたものです。凹地の径は大小様々ですが、大きくても径2m程度、深さ30cm程度です。

　以前は島内各地でここに海水をため、天然の塩をつくることもありました。伊仙町犬田布のミヤドバル海岸では、メランジ堆積物が

図17 海岸での石灰岩の溶食地形　諸田海岸

図18　ポットホール　　中に石ころが入っている

県の天然記念物に指定されていますが、付近一帯は石灰岩の凹地を利用した天然塩の製造場所でした。

　波打ち際ではこのような凹地に石ころが入って、凹地の壁がツルツルになっているものがあります。これはポットホールと呼ばれ、凹地の中の石ころが海水に動かされてヤスリの役目をし、石灰岩を削り丸くなったものです（図18）。

　海岸にある地形で目につくものに海食洞があります。徳之島では天城町の犬之門蓋のメガネ岩がよく知られていますが、金見崎や黒畑でも見ることができます。海食洞は岩石の柔らかい部分や割れ目（節理）に波が打ち寄せ、その力で岩石を削る波食作用でできます（図19）。

　金見崎には今から約1億年前の地層が露出していますが、地層をつくる砂岩・泥岩層に小規模な海食洞がつくられています。満潮時には海水が入り込み、干潮の時だけ中を歩いて通り抜けることができます。この海食洞の天井には傾いた地層の境目があることから、波の力で境目に沿って下側の地層が削られ、また、岩の割れ目に沿って削られたこともあって穴ができました。

　犬之門蓋のメガネ岩は石灰岩が削られてできたものですが、今の海面よりも高い位置にあります。これは黒畑と同じように数千年前の暖かい時期にできたものが、その後の海面の低下や土地の隆起で今の高さになったからです。

　メガネ岩に向かう通路は高さ数mの溝状になって続いていることから、ドリーネが陥没してできた小規模なウバーレに、海食作用が加わってできたと考えられます。犬之門蓋の南側の海岸に降りると、海水が押し寄せる高さにもいくつかの海食洞があります。こちらは犬之門蓋よりも低い位置にあることから、より新しい時代につくられた海食洞になります。

図19　上：砂岩・泥岩層にできた海食洞　　金見崎
　　　　下：石灰岩にできた海食洞　　メガネ岩

黒畦の隆起ポットホール群（町指定文化財）

　花徳（けどく）の黒畦では数千年前にできたポットホールが陸上に顔を出し、それが多数集まって独特の景観をつくっています。ポットホールの深さ（長さ）は様々ですが、深いものでは4〜5mもあります。穴の径は50cm程度で、あまり大きなものはありません。よく観察すると穴の中に石が削った跡が残っています。

空から見た花徳の黒畦

　このような独特の形のでき方については次のように考えられます。

　今から数千年前は今より暖かい時代で、海水面は今より数m高い位置にありました。海岸近くでは波が打ち寄せ、すでにできていた石灰岩の表面にある凹地の中に石ころが入り込み、海水の力で石ころが回転し石灰岩を削りました（ポットホール）。その後、暖かくなったり寒くなったりを繰り返しましたが、それにつれて穴もだんだんと深くなっていきました。そして現在の気候になると海水面は数m下がって、もとの海岸だった場所は完全に陸に顔を出しました。

　そうすると雨水による溶食が進み、穴がドリーネのような状態になり石灰岩の下側まで伸びていきました。数千年の間には土地が持ち上がる地殻変動もあり、石灰岩は今の高さになりましたが、その途中でさらに溶食が進み現在のような状態になりました。

　この場所には海食洞もあり、下側から穴の中をのぞくことができます。また、崖から落ちた転石に丸い穴が空いているものも多く、近くで穴の状態を観察できます。このようなものは珍しく、他では沖縄の古宇利島や池間島にある程度です。

石灰岩の天井にできた細長い穴

穴の中には削った跡が残っている

　徳之島では海岸沿いの広い範囲に石灰岩が分布していますが、この石灰岩にはスプーンでえぐられたような窪みがあり、ノッチと呼ばれています。ノッチは石灰岩だけでなく様々な岩石にできますが、とくに石灰岩では深い窪みができています。大きなものになると窪みの深さが2m以上、高さが3m程度になるものもあります。また、深くえぐられたためキノコのようになっているもの、天狗の鼻のように突き出したものがあり、その形は様々です（図20）。中にはノッチが2段になっているものもあります。

　石灰岩にできるノッチのでき方については、以前は波の侵食力で平均海面付近にできるとされていましたが、最近では生物の作用や海水の飛沫による溶食作用も大きく影響していると考えられています。

　犬之門蓋では今もつくられつつあるノッチがありますが、その一番窪んだ部分はちょうど波がよく当たる場所になります。一般に波による力で石灰岩が削られていきますが、海水には二酸化炭素が含まれることから、波しぶきが当たった部分では溶食作用が進みます。また、乾湿の影響で塩類が表面にでき、それによる膨張作用でもろくなることもあります。さらに、貝類などが餌を取る際に石灰岩を削ってしまうこともあります。海の生物の活動はちょうど波の当たる部分で活発に行われ、結果として窪みが深くなっていきます。

　徳之島の石灰岩に見られるノッチは、亀徳付近では高い方が3.2m、低い方が2.6mで、西側の阿権付近の場合と同じになります。このようなことから、徳之島ではここ1万年くらいは東西や南北方向に傾く地殻変動は無かったとされています。

図20　様々な表情を見せるノッチ

2 徳之島の地質

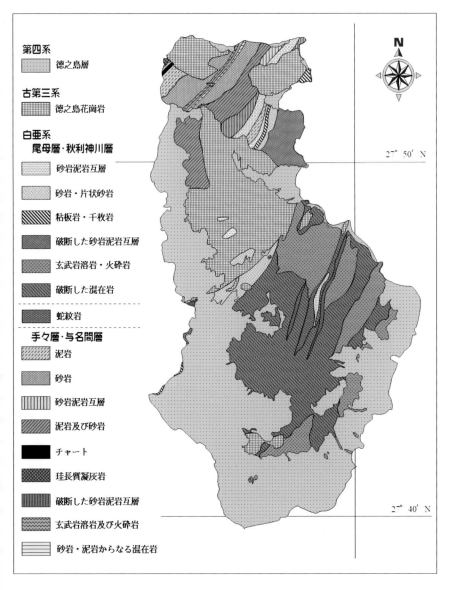

図 21　徳之島の地質略図 （産総研地質調査総合センターの図（2003）を簡略化）
系はその時代に堆積した地層を表しています
徳之島の南部を中心に徳之島層が広く分布し、北部には花崗岩が分布します
中央部から北部には白亜紀の混在岩（メランジ）と玄武岩溶岩、蛇紋岩が分布します

凡例：
第四系
　徳之島層
古第三系
　徳之島花崗岩
白亜系
尾母層・秋利神川層
　砂岩泥岩互層
　砂岩・片状砂岩
　粘板岩・千枚岩
　破断した砂岩泥岩互層
　玄武岩溶岩・火砕岩
　破断した混在岩
　蛇紋岩
手々層・与名間層
　泥岩
　砂岩
　砂岩泥岩互層
　泥岩及び砂岩
　チャート
　珪長質凝灰岩
　破断した砂岩泥岩互層
　玄武岩溶岩及び火砕岩
　砂岩・泥岩からなる混在岩

27° 50′ N
27° 40′ N

I　地質の概要

　徳之島の地質は大きく 9,000 万～7,000 万年前の地層、約 6,300 万年前の花崗岩類、およびそれらを覆う約 100 万年～10 数万年前の石灰岩・砂礫の層に区分されます。このような地質は喜界島を除く奄美群島の島々に共通しています。喜界島は数百万年前の泥の層（島尻層群早町層）、それを覆う数 10 万年～数万年前の石灰岩からできています。

　図 21 は徳之島の地質図です。地質図はどこにどのような地層・岩石があるかを表した図で、地質図を見ると地層のできた順序や断層の有無、地層の様子などを知ることができます。

　図 22 は徳之島と周辺の島々に分布する主な地層・岩石が、いつのころにできたかを表したものです。徳之島に分布する地層の大部分は奄美大島にもありますが、琉球層群と呼ばれる地層は奄美大島では北部に分布するだけです。また、奄美大島には花崗岩類もわずかに分布し

ていますが、徳之島の花崗岩類に比べ少し新しく、約 5,500 万年前ころにできました。琉球層群は琉球列島の中部から南部にかけての広い範囲に堆積していますが、沖縄本島とその周辺の琉球層群は性質の異なる何層かの地層からできています（図 22）。

　地球が誕生したのは約 46 億年前ですが、地球の歴史（地質時代）は大きく先カンブリア時代、古生代、中生代、新生代に区分されています。代はさらに紀、紀は世に細分されています。徳之島の地層の歴史は中生代の終わりに相当する白亜紀から始まっています。白亜紀は約 1 億 4,500 万年前に始まり、6,600 万年前に終わりましたが、よく知られているように白亜紀の終わりには恐竜やアンモナイ

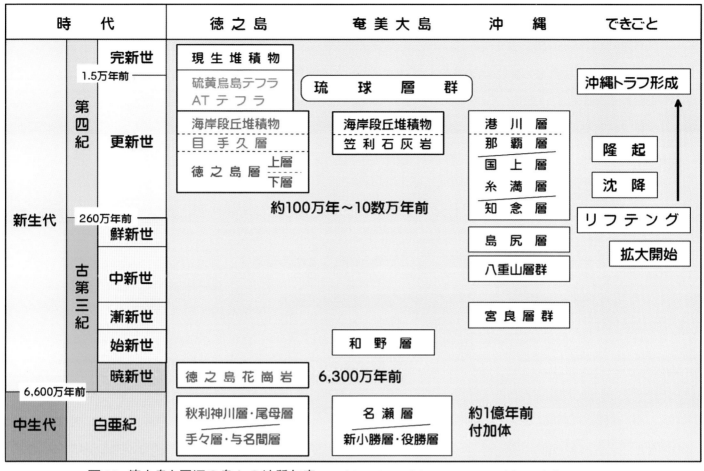

時　　代			徳之島	奄美大島	沖　縄	できごと
新生代	第四紀	完新世	現生堆積物	琉　球　層　群		沖縄トラフ形成
		──1.5万年前──	硫黄鳥島テフラ ATテフラ			
		更新世	海岸段丘堆積物 目手久層 徳之島層 上層／下層	海岸段丘堆積物 笠利石灰岩	港　川　層 那　覇　層 国　上　層 糸　満　層 知　念　層	隆　起 沈　降
			約100万年～10数万年前			リフテング
		──260万年前──			島　尻　層	拡大開始
	古第三紀	鮮新世			八重山層群	
		中新世				
		漸新世			宮良層群	
		始新世		和　野　層		
		暁新世	徳之島花崗岩	6,300万年前		
		──6,600万年前──				
中生代		白亜紀	秋利神川層・尾母層 手々層・与名間層	名　瀬　層 新小勝層・役勝層	約1億年前 付加体	

図22　徳之島と周辺の島々の地質年表　（産総研地質調査総合センターの図をもとに作成）
地層の名前は地域の地名がつけられています。奄美大島・沖縄の花崗岩は表から省いてあります。

トが絶滅しました。その後に続く時代が新生代古第三紀で、現在は第四紀という時代になります。第四紀は短いですが人類が誕生した重要な時代で、徳之島の石灰岩・砂礫の層がつくられた時代にもなります。

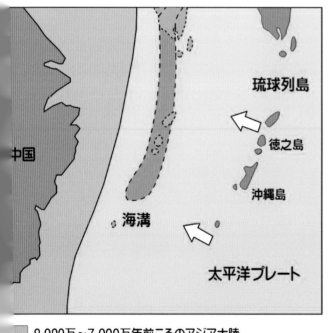

9,000万～7,000万年前ころのアジア大陸
9,000万～7,000万年前ころの琉球列島（存在しない）
現在の琉球列島・大陸　⇨　太平洋プレートの移動方向

図23　白亜紀後半の古地理図

Ⅱ　白亜紀の地層

　約9,000万～7,000万年前の白亜紀後半ころにできた地層は、徳之島の土台をつくる地層になっています。地層は海底や湖底など、主に水中にたまった（堆積した）砂・泥などが層をつくっているもので、硬い岩石になっていなくても地層と呼びます。地層は断面で見ると細い帯状に積み重なっています（図27）が、実際は何枚もの板を重ねたようになっています。ただ、1枚の板でも厚さが変化するのが一般的です。

　徳之島に分布する白亜紀後半の地層は、大きくは四万十累層群（しまんとるいそうぐん）と呼ばれる地層の一部で、奄美大島や沖永良部島に分布するものとほぼ同じ時代にできました。四万十累層群は四国の四万十川

周辺を模式地（いちばん典型的な地層が出ている場所）とする地層で、関東の山地から沖縄まで列島に沿って細長く分布しています。

　図 21 を見ると白亜紀の地層は山地の大部分をつくっていますが、海岸沿いの広い範囲にも細長く点々と露出しています。徳之島の南部では石灰岩に覆われ地表に現れていませんが、その下にはこの時代の地層が分布しています。地層をつくる岩石は主に砂岩や泥岩、泥岩が押しつぶされた頁岩（けつがん）という岩石になります。さらに頁岩が押しつぶされ、粘板岩・千枚岩という岩石に変化したものもあります。その他に火山から噴出した枕状溶岩、地下 100km 付近のマントルにあった岩石が変化した蛇紋岩、チャートと呼ばれる青色を帯びた硬い岩石などがあります。

図24　乱泥流とタービダイト（産総研地質調査総合センターの図を改変し加筆）

　白亜紀後半ころには琉球列島はまだ誕生しておらず、現在の徳之島はアジア大陸の大陸棚縁辺部付近にあり、徳之島の土台をつくった地層は海溝と呼ばれる深い海の底にたまりつつありました（図 23）。海溝には大陸から流れ込んできた砂や泥が厚くたまり、それらが強い力で押し固められ、次第に硬い岩石へと変化していきました。

　また、当時も今と同じように地震が発生することがあり、揺れなどで地滑りが起こるとまだ柔らかい砂や泥の層が崩れ、それらがさらに深い海の底に流れ込むということも起きました。また、斜面に砂や泥がたまったため不安定になり、崩れてしまうこともありました。そうして発生した海中の流れは、ちょうど陸上で起こる土石流に似ていて、乱泥流（混濁流）と呼んでいます。乱泥流は水より密度が大きく、斜面がある限り流れていきます。

　そのような流れ込みで堆積した地層は、粗い砂から細かい泥へと、粒の大きさが変化する岩石になり、表面には縞々の葉理（ラミナ）という模様ができたりしました（図 24）。地震は繰り返して何回も発生したため、砂岩と泥岩が交互に堆積しました。このようにしてできた地層をタービダイトと呼んでいます（図 24, 25）。

　タービダイト層の砂岩には、水の流れによってできた流痕、堆積物の重みでできた荷重痕が残っていることがあります。図

図25　砂岩と泥岩（頁岩）が繰り返す互層　金見崎海岸

図26 地層に見られる荷重痕　矢印部分

図27 傾いた砂岩と泥岩の互層
左側が上で新しく、右側が下で古い　金見崎海岸

26 では重い砂岩が、まだ柔らかい泥岩にめり込んでいる様子がわかります。

　タービダイト層はもともと水底に水平に堆積しますが、付加作用やその後の地殻変動で傾いてしまうことがあります。そのような場合、地層の上下は岩石をつくる粒の大きさの変化、荷重痕の様子などから決めていきます。砂や泥は水中を落ちるとき粗く重いものが先に落ち、細かい泥は後から落ちていくので粗い方が下側（古く）になります。

　地層が下がっている方向が傾斜の方向ですが、図27 では左側に傾斜していて、左側が上、右側が下になります。本を何冊か積み重ねて傾けたときの状態と同じです。傾いた地層は徳之島の多くの場所で見ることができ、付加作用で堆積物が大陸側に押しつけられたことを物語っています。

　タービダイト層は整然と積み重なっていることが多いですが、ときには砂岩などがちぎれたり、引き延ばされてレンズ状になったり、それらが混じってグシャグシャになっていることがあります。このような地層をメランジとかメランジュと呼んでいます。メランジはフランス語のメレンゲ（混ぜ合わせ）と同じ意味です。

　海底で地滑りが起こると、まだ固まりきっていない砂や泥は破片状に壊され、崩れた近くではそれらが混ぜ合わさって再び堆積します。また、付加作用の過程で地層の一部が壊されてしまうこともあり、砂や泥の層が押し曲げられたり、切れたりすることもあります。メランジは地層としての連続性はなく、途中で整然とした地層に移り変わったり、消えてしまうこともありますが、ある程度の広が

図28 メランジ堆積物　　金見崎海岸
大小様々な岩の塊が含まれ、雑然とした地層になっています

図29 鹿児島県天然記念物犬田布海岸の
メランジ堆積物　ミヤドバル

図 30 徳之島町のメランジ堆積物の分布地点 （重久勇氏の図を改変）

りを持っています。

メランジは細かく砕かれた砂粒・泥からできた基質の中に、様々な大きさや種類の礫・岩塊を含むのが特徴です（図28、29）。徳之島では各地にメランジ堆積物がありますが、徳之島町内では金見崎海岸、南原（はいばる）海岸・山（さん）の海岸では良く露出しています（図30）。

また、伊仙町犬田布海岸のミヤドバルにあるメランジは、鹿児島県の天然記念物に指定されています。ここでは 9,000 万年～7,000 万年前のメランジ堆積物の上に、10 数万年前の新しい時代の石灰岩が堆積していることも評価されました（図29）。

メランジの地層が分布している所では、地層が折れ曲がった褶曲（しゅうきょく）、地層が切れている断層が見られます（図31）。褶曲は地層に横から押す力が加わってでき、図 31 では砂岩が激しく折れ曲がっている様子がわかります。また、同じ押す力が加わる場合でも、急激に力が加わると地層が切れてしまいます。図 32 では地層が二つの方向から切られています。

ところで図 23 にあるように、当時はまだフィリピン海プレートは誕生しておらず、太平洋プレートが大陸の縁に沈み込んでいました。海溝にたまった砂や泥は、海側からやってきた太平洋プレートに押され、やがて大陸に押しつけられてくっついていきました。このような作用を付加といい、くっついた地層は付加体とか付加コンプレックスと呼ばれています（図33）。付加体が陸地に次々とつけ加わることで地殻が厚くなり成長していきます。また、次々に付け加わるので、だんだん盛り上がり山地をつくります。.

海に突き出た火山が海山になり、プレートの移動ととも陸側へ運ばれます。海洋プレートは海溝で

図 31　地層の折れ曲がり（スランプ褶曲）　　金見崎海岸
　　　スランプ褶曲は地滑りで地層が曲がってできた褶曲です

図 32　地層の食い違い（断層）　　神之嶺海岸
　　　向き合う矢印同士が断層で、地層が食い違っています

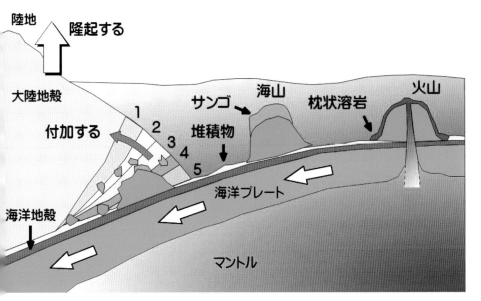

大陸地殻の下へ沈み込みますが、表面の堆積物ははぎ取られ大陸地殻に次々と付け加わっていきます。

このため図33では1が古く5が新しくなります。沈み込んだ海山は壊れ、徳之島にある枕状溶岩などのような海山の岩石が付加体に取り込まれます。

徳之島では広い範囲に枕状溶岩が分布しています。枕状溶

図33 付加体のでき方　1～5が付加体（付加体コンプレックス）で、1が古く5が新しい。付加作用で陸地が増えていき、山ができます。

岩は海底で噴火が起こり、流れ出た溶岩が積み重なっているものです（岩石・鉱物図鑑参照）。全体に緑色を帯びて、非常に硬くなっています。岩石の性質としては玄武岩になります。前に述べたように枕状溶岩を噴出した火山は、ゆっくりと動くプレートに乗り次第にもとの場所から離れていきました。そうすると火山ではなくなり、海中の山（海山）になってしまいます。

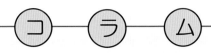

謎の赤い石

　金見崎では白亜紀の地層が良く露出していて、地層の観察に適しています。金見崎灯台の少し西側の海岸を歩くと、ひとかたまりの赤色をした岩石が目にとまります。良く見ると、にぎり拳から石油缶くらいの大きさの石ころが集まってできています。中には赤黒い石、赤茶けた石など、様々なものが入っています。このようなものは徳之島では例が無く、ここだけで見られるものです。赤色を帯びるのは、岩石中の鉄分がさびたものと考えられます。

　これについてはまだはっきりしたことは分かっていませんが、石ころが火山から噴出した火山礫・火山岩塊に似ていることから、枕状溶岩と一緒に噴出した凝灰角礫岩ではないかと予想されています。ただ、徳之島では枕状溶岩は青緑色をおびており、また、非常に硬くくっついており、ここのものとは少し違っています。凝灰角礫岩と決めるには根拠が少なく、メランジ堆積物の一部、メタンガスの爆発による角礫岩、プチスポット火山からの噴出物、花崗岩マグマの影響を受けた礫岩など、様々な角度からの検討が必要です。

これがさらに運ばれ、海溝の所でマントルに沈み込んでいきます。そのとき、海山の一部は付加体に取り込まれ、地層の一部になってしまいます。この付加体が長い年月の間には隆起し、海上に姿を現し山地をつくりました。

　徳之島の白亜紀の地層は、それをつくる岩石の特徴から大きく与名間（よなま）層、手々層、秋利神川層、尾母層の4層に区分されています（図21、図22）。西側にある与名間層・手々層が古く、秋利神川層・尾母層が新しくなります。前に述べたように、地層が次々に陸側に押しつけられ付加して、先にできた古い地層が陸側（西側）に、新しい地層が海側（東側）にくるからです（図33）。

　地層の伸びる方向はおおよそ北北東から南南西で、例えば金見や畦と同じ地層が平土野付近でも見られることになります。地層の伸びる方向は琉球海溝の伸びる方向と同じです。地層の傾きは様々ですが、おおよそ50〜70度、ときには90度近くまであります。また、地層の上下が逆転していることもあります。

　与名間層は砂岩と泥岩（頁岩）がはっきりと分かれて分布し、チャートや珪長質凝灰岩（火山灰が固まった岩石）が入るのが特徴です。与名間の海水浴場付近では泥岩は千枚岩状になっています。手々のクサデン石付近には、破砕された枕状溶岩が分布しています。手々から金見では手々層が分布しています。手々から金見の海岸には砂岩と泥岩（頁岩）の互層が分布しますが、金見に近くなるとメランジ堆積物が増えてきます。

　花徳（けどく）付近には秋利神川層が分布していますが、やや整然とした砂岩と泥岩（頁岩）の互層になっています。また、砂岩や泥岩（頁岩）、破砕された砂岩・泥岩（頁岩）層があります。場所によっては泥岩（頁岩）がスレート状になっていることもあります。

　母間（ぼま）より南側では尾母層が分布しています。尾母層には枕状溶岩、蛇紋岩が含まれるのが大きな特徴です。下久志から井之川では枕状溶岩が広く分布していますが、車塔では見事な枕状溶岩が現れています。蛇紋岩は剥岳（はげだけ）周辺に分布しますが、尾母層の伸びる方向（走向と呼びます）と平行になっていると推定されます。ここでは蛇紋岩が変成作用を受け、ダナイトと呼ぶかんらん岩の一種に変化したものもあります。また、メランジ堆積物はよく見られます。

　一般的に地層には化石が入っていることがありますが、徳之島の白亜紀の地層からはま

図34　銅鉱床のあるメランジ堆積物と
　　　海岸での採掘跡　母間本崎

だ発見されていません。奄美大島では龍郷町秋名川下流の名瀬層の頁岩から、中生代白亜紀後半の約9,000万年前に生息していたアンモナイトの化石が発見されています。

　また、砂岩や泥岩は後で述べる花崗岩マグマの熱を受け、ホルンフェルスという硬い岩石に変化していることもあり、菫青石（きんせいせき）という鉱物ができています。花崗岩周辺の岩石中には有用な金属元素（銅など）が集まって鉱床をつくっており、天城町の松原鉱山・徳之島町の下久志鉱山，宝迫（ほうさこ）鉱山などで採掘されていました。銅鉱床のある岩石は赤銅色を帯びて鉄さび状になっており（図34）、場所によっては緑色の銅鉱物ができているところもあります。

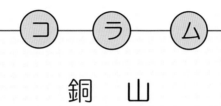

銅　山

　明治のころから徳之島には銅が産出することが知られ、大正から昭和の初めころには天城町の松原鉱山で盛んに採掘されていました。徳之島町内にも小規模な鉱山があり、母間の宝迫鉱山、下久志の下久志鉱山などで細々と採掘されました。町内には他に奥名川鉱床、尾母鉱床などもありました。

　松原鉱山跡の坑道入り口には、詳しい解説板があります。それによると松原鉱山、下久志鉱山は、明治の終わりころ徳之島町の徳三和豊（とく みわとよ）翁が発見したとのことです。翁は柔道で有名な徳三宝の父親でした。下久志鉱山は1904〜1929年ころに採掘され、一番多いときには月に600トンほどを産出していました。鉱床は図34にあるような白亜紀のメランジ堆積物の泥質岩石の中にあり、30cm〜3mで総延長300mほどありました。黄鉄鉱と磁硫鉄鉱が多く、黄銅鉱も伴っていました。

　宝迫鉱山は1912〜1944年ころに採掘され、全体で3万トンくらい採掘されましたが、銅の量は1,100トン程度でした。鉱床は下久志と同じく、花崗岩と接触したメランジ堆積物の中にありました。鉱石は黄銅鉱と黄鉄鉱が一緒になったものが多く、それ以外に磁硫鉄鉱を伴いました。

　これらの銅鉱床は徳之島に広く分布する花崗岩をつくったマグマが、白亜紀の地層と接触してできたものです。マグマからは銅を多く含む熱水（温泉水）が地層の割れ目に入り込みましたが、熱水が冷えるとき銅を含む鉱物が結晶になって出てきました。

天城町松原銅山跡
入り口に詳しい説明板があります

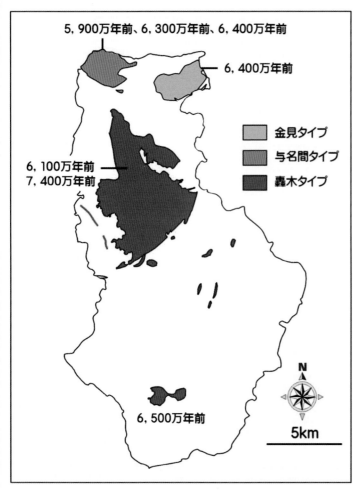

5,900万年前、6,300万年前、6,400万年前

6,400万年前

6,100万年前
7,400万年前

凡例
金見タイプ
与名間タイプ
轟木タイプ

6,500万年前

N

5km

図35 徳之島の花崗岩の分布と年代 (川野・加藤の図を改変)

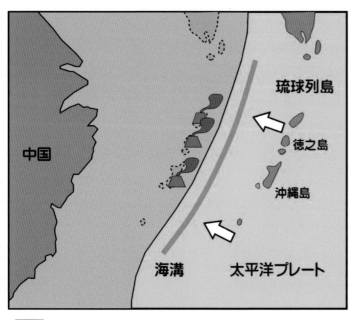

琉球列島

徳之島

中国

沖縄島

海溝   太平洋プレート

6,300万年前のアジア大陸
6,300万年前の琉球列島（存在しない）
現在の琉球列島・大陸   太平洋プレートの移動方向

火山（地下では花崗岩が誕生）

図36 約6,300万年前の古地理図
当時はまだ太平洋プレートがアジア大陸の下に潜り込んでいました。そのため、約100Kmほど潜り込んだ所で、プレートから水が供給され、マントルの岩石が溶けてマグマができました。

Ⅲ　花崗岩

　徳之島では北部を中心に、徳之島花崗岩と名付けられた花崗岩が広く分布しています（図21、35）。徳之島花崗岩は約6,300万年前の新生代古第三紀という時代にできましたが、奄美群島の中では古い時代にできた花崗岩になります。

　花崗岩はマグマが冷え固まってできた火成岩の一種で、徳之島に分布する花崗岩のでき方については、次のように考えられています。

　今から約6,300万年前、地下深くにあるマントルと呼ばれる所からマグマが上昇してきました。マグマは周囲の岩石と反応しながら組成を変え、さらに上昇し地下10数km付近に集まりマグマ溜まりをつくりました。マグマ溜まりの中で100万年程度の時間をかけてゆっくり冷え、石英や黒雲母などの鉱物が結晶になって出てきました。そして完全に冷えて固まり、いま見られるような花崗岩になりました。

　当時、徳之島はまだアジア大陸の一部でしたが、そこには火山があり活発な活動を繰り返していたと考えられます（図36）。火山はその後の地殻変動や侵食作用でなくなり、地下深くにあった花崗岩だけが残されました。

　ではどのようにして地下深くにあった花崗岩が、地表に姿を現したのでしょうか。できた花崗岩の密度は周囲の岩石より少し小さく、マグマ溜まりから地表に向かって少しずつ上昇します。また、プレートによる付加作用も加わり、ますます上昇していきます。そのようにして長い年月をかけて地表に顔を出します。

　地表に現れると風雨による侵食作用を受けますが、花崗岩は削られた分だけ軽くなり、さらに上昇していきます。徳之島花崗岩がいつのころ地表に現れたか不明ですが、徳之島層が堆積する数

10万年前ころには地表にあったと考えられます。

　徳之島での花崗岩の分布は北部に偏っていますが、南部の伊仙町阿三（ぁさん）のカムィヤキ遺跡付近にもわずかに分布しています(図21、35)。徳之島の花崗岩は化学組成や鉱物の組織の違いなどから3つのタイプに分けられますが、それほど大きな違いはありません。

　徳之島花崗岩はムシロ瀬では硬く新鮮で、ハンマーで叩いてもなかなか割れませんが、陸地の多くの場所では赤みを帯びた土に変化しています(図37)

　これは花崗岩が風化したものでマサ土（真砂土）と名付けられています。花崗岩は風化するとボロボロに砕ける性質があり、硬そうに見える花崗岩も手で押しつぶすことができます。

　花崗岩の年代測定値（U-Pb法）では、与名間で6,440万年前、6,270万年前、金見では6,370万年前、轟木で7,350万年前、伊仙中部で6,450万年前という数値が出ています。

節　理

　マグマは冷える途中で縮む性質があり、そのため割れてしまいます。また、上昇する途中で周りの岩石からの圧力が弱まると、膨れるようにして割れたりします。さらに岩石をつくる結晶の性質も影響して、岩石が割れてヒビが入ったような状態になります。このようにしてできた岩石中のヒビ割れを節理と呼びます。

　景勝の地ムシロ瀬には花崗岩が露出していますが、その表面には多数のひび割れがあり、その様子がちょうどムシロ（稲ワラでつくった敷物）を敷き詰めたように見えることから、ムシロ瀬という名前がつけられました。ムシロ瀬の花崗岩には表面だけでなく内側にもヒビがあり、ブロック状に割れていることが分かります。このような節理を方状節理と呼び、花崗岩によく見られる節理です。岩石にできる節理には柱状になった柱状節理、板状になった板状節理などもあります。

　ムシロ瀬の花崗岩を詳しく観察すると、角閃石や黒雲母を含んでいて少し灰色っぽいです。火成岩の詳しい分類では角閃石黒雲母花崗閃緑岩になります。

ムシロ瀬の方状節理

図37 マサ土　下側半分がマサ土　轟木

図38 風化途中の花崗岩　鉄さびが入る

マサ土には風化に強い粒状でガラスのような石英、キラキラ輝く黒雲母が入っていることもあります。山手にある花崗岩を見ると少し赤茶けています（図 38）が、これは花崗岩中の鉄分がさびたもので、マサ土の赤色と一緒です。

徳之島の山地にある花崗岩のほとんどはマサ土に変化していますが、山頂や海岸沿いなど土が削られやすい場所では、花崗岩の新鮮な表面を観察できます。

ムシロ瀬や与名間漁港近くでは、花崗岩の表面が玉ねぎの皮状にはげかかっているものがあります。これは風化作用によるもので、中心の部分は丸っこい角の取れた岩石になっていて、コアストーンと呼ばれています。

風化作用には温度の変化や生物の根の作用など、物理的に壊されて起こるものがあり物理的風化作用と呼びます。また、岩石中の鉱物が二酸化炭素や酸素の影響を受け、化学反応を起こして変化する化学的風化作用もあります。石灰岩が溶けていく溶食は代表的な化学的風化作用です。このような風化作用を受けると、岩石は砕かれて粒状になったり粘土に変化します。この粘土を利用してつくられた土器が、中世のカムィヤキ式土器になります。カムィヤキ遺跡の近くには花崗岩が分布し、それが風化してできた粘土が多く、石灰岩の風化した土なども加え土器がつくられています。

徳之島ではあちこちに花崗岩類が脈状に伸びた岩脈があります（図 39）。町内では山の海岸や金見の海岸、神之嶺の海岸に現れています。岩脈は花崗岩をつくったマグマが、岩石の割れ目に細長く入り込み、冷えて固まったものです。岩脈は花崗岩本体の周辺にできることから、徳之島の地下のごく浅い場所に花崗岩の岩体があると推定されています。

花崗岩の岩脈をつくる岩石は、花崗岩より緻密で粒の小さな半花崗岩、逆に粒が大きいペグマタイトと呼ばれる岩石、石英の粒が目立つ石英斑岩（せきえいはんがん）などがあります。全体に硬い岩石が多く、地層の中で浮き上がるように出ていることが多いです。

前に述べたように、徳之島の砂岩や泥岩（頁岩）は花崗岩マグマの熱を受け、ホルンフェルスという硬い岩石に変化していることが多いです。とくに花崗岩の近くでは赤紫色をしたホルンフェルスが見られます。この岩石は硬くて緻密なことから、縄文時代・弥生時代の石斧や石鏃（せきぞく：矢じり）として盛んに利用されました。

　図39 山中学校前の岩脈　岩脈をつくるのは半花崗岩です

諸田のナーデントー遺跡は縄文時代晩期（約3,000年余り前）の遺跡ですが、付近の川底から採ってきたホルンフェルスでつくられた多数の石斧が出ています。

　ところで同じ花崗岩ですが、花時名や天城町当部（とぅべ）のものは鉱物の方向がそろった片状になっています。これは花崗岩が周りの地層に入るとき（貫入と呼ぶ）に圧力を受け、鉱物の向きがそろってできました。

　なお金見の北東沖合約4kmの所に、大小二つの岩からできた小島がありトンバラと呼ばれています。ここをつくっている岩石は花崗岩になります。

岩石の年代の決め方

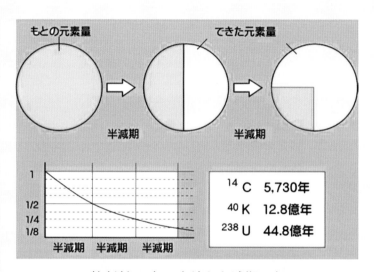

放射性元素の崩壊と半減期の例

　徳之島花崗岩ができたのは今から6,300万年前頃でしたが、どのようにしてできた年代が分かるのでしょうか。

　白亜紀の地層のところで説明したように、何枚か重なった地層があるときは下が古く、上が新しいことになります。例えば下の地層にアンモナイトが、上の地層にナウマン象の化石が入っていれば、下の地層は古い中生代、上の地層は新しい新生代第四紀に堆積したことになります。

　しかし、それだけでは何年前か分かりません。そのような意味で相対的ですので、上下関係（化石）を使って決められた年代を相対年代といいます。

　これに対して今から6,300万年前のように、数値で表された年代が数値年代です。ではどうやって数値年代を出すのでしょうか。少し難しいですが、それには放射性元素（同位体元素）の半減期を利用します。元素にはそれぞれ兄弟姉妹というべき元素があります。例えば炭素（C）には質量が12のものと13、14のものがあり、14は放射線を出す性質を持つ放射性元素です。

　この放射性元素は不安定な性質を持っていて、放射線を出して別の元素に変わっていきます（崩壊、壊変）。炭素の14は放射線を出して窒素の14に変化します。そのとき、元の量の半分になる時間を半減期と言います。半減期は放射性元素ごとに違い、炭素の14で5,730年、カリウム（K）の40で12.8億年、ウラン（U）の238で44.8億年になります。面白いことに、次の半減期が来れば0になるのではなく、半分の半分、つまり4分の1になります。これを繰り返して減っていきますが、この原理を使って年代を求めます。

　花崗岩の中にはカリウムの放射性同位体のカリウム40がわずかに含まれていて、花崗岩ができたときから少しずつ放射線を出してアルゴン（Ａｒ）の40に変化します。花崗岩の中にカリウム40がどれくらい残っているかを調べれば、何年前にできたかが分かるのです。

　数値年代を求める方法は、これ以外にも岩石の年代決定に使うフィッション・トラック法、石灰岩の年代を決めるのに使うESR法など、様々なものがあります。

図40 徳之島層下部の砂礫層　　南原
海岸沿いではこの上に石灰岩が乗っています

Ⅳ 徳之島層と目手久層

　徳之島では山地を取り巻くように台地がありますが、そこには石灰岩やまだ固まっていない泥や砂・礫からできた地層が堆積しています（図21、図40）。とくに中南部ではそれらが厚く堆積し、地層中からは貝化石やクジラの化石などが出てくることがあります。

　この石灰岩や泥・砂・礫の層は、徳之島だけでなく琉球列島の中部～南部の広い範囲に堆積し、琉球層群と呼ばれています（図22）。琉球層群はかつて琉球石灰岩と呼ばれていたものになり、徳之島に堆積する琉球層群は徳之島層と名付けられています。

　徳之島層が堆積し始めた時期ははっきりしませんが、約50万年前の更新世前期後半頃には確実に堆積していました。おそらく約100万年前頃から堆積し始めたと考えられています。徳之島層の堆積は大きく3回に分けて行われ、数10万年の間には広い範囲に泥や砂・礫、それに石灰岩が堆積しました。

　このように琉球列島の中部から南部で石灰岩が堆積し始めるようになったのは、この地域で約100万年前頃からサンゴ礁ができるようになったからです。前に述べたように、琉球列島はもともと大陸の一部でしたが、フィリピン海プレートの沈み込みの作用で、約1,000万年前頃からアジア大陸の縁が凹みはじめ、600万年～200万年前頃にかけてさらに少しずつ凹み続けました（図41）。

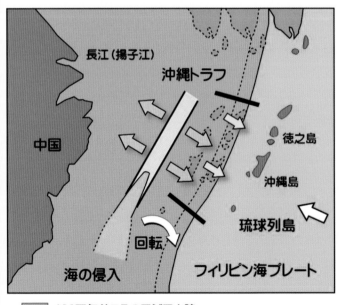

- ▨ 600万年前ころのアジア大陸
- ▨ 600万年前ころの琉球列島（存在しない）
- ▨ 現在の琉球列島・大陸　　━ 断層
- ⇨ フィリピン海プレートの移動方向
- ⇨ 沖縄トラフの拡大方向　⇨ 琉球列島の移動方向

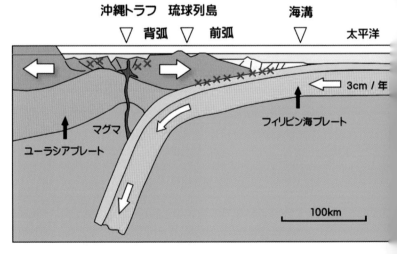

図41（左）　沖縄トラフのでき始めた頃の古地理図

図42（上）　フィリピン海プレートの沈み込みと沖縄トラフの形成
×は地震の発生個所を示す　（東北大学の図を改変）

プレートの沈み込む角度が急になり、ユーラシアプレートの縁は海側へ押し出され、そこにヒビが入り凹地になりました。

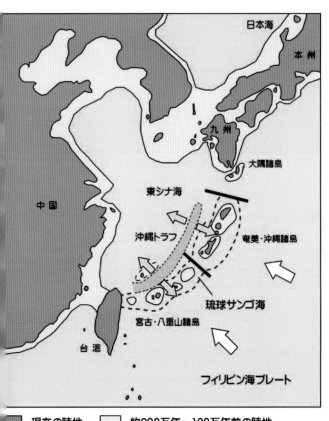

日本海
本州
九州
大隅諸島
東シナ海
中国
沖縄トラフ
奄美・沖縄諸島
琉球サンゴ海
宮古・八重山諸島
台湾
フィリピン海プレート

■ 現在の陸地　□ 約200万年～100万年前の陸地
⇨ フィリピン海プレートの移動方向　⇨ 沖縄トラフの拡大方向

図43　琉球サンゴ海の広がり（神谷の図を改変）

それにより琉球列島のもとになった陸地はアジア大陸から切り離され、太平洋側へと移動していきました。当時はまだ浅い海や湖の状態でした（図41）が、海にはアジア大陸から運ばれてきた泥がたまり喜界島などにある島尻層群が堆積しました。

その後、海底が凹む現象は足踏みし、琉球列島はフィリピン海プレートに押され圧縮されるようになり、琉球列島は隆起していきました。しかし、約200万年～150万年前頃から沖縄トラフの本格的な拡大が起こり、沖縄トラフの海底は大きく落ち込み（リフティングと呼んでいます）、ここに深い海ができました（図42）。その原因はこの頃から、フィリピン海プレートの沈み込む角度が急になったからとされます。

「南海トラフで近い将来に地震が起こる」など、トラフという言葉はよく聞きますが、トラフとは牛や馬などの餌を入れる、筒を半分に切ったような容器のことで、海が浅い溝状になっていることからトラフという言葉が使われるようになりました。

沖縄トラフができたことで、大陸から運ばれてくる泥が沖縄トラフの深い海の底にたまり、徳之島付近まで来なくなり、きれいな海が広がりました。また、気候が温暖になることもあり、海は造礁サンゴの生育に適した環境になりました。このようにして島の周囲には造礁サンゴが生息するようになり、それが積み重なってサンゴ石灰岩ができ、沖合には石灰藻球石灰岩、それらが砕かれた砕屑性石灰岩ができました。この造礁サンゴを育んだ海を琉球サンゴ海（図43）と呼んでいます。当時も徳之島は海上に顔を出した島で、陸に近い所では石灰岩が、入り江になった所には山地が削られてできた泥や砂・礫、植物の破片がたまっていきました。

ところで、徳之島の琉球層群については段丘面との関連で、標高200m付近にある地層（糸木名（いときな）層）が堆積し、その後、島の隆起に伴い地層の堆積する場所が低い方へ移

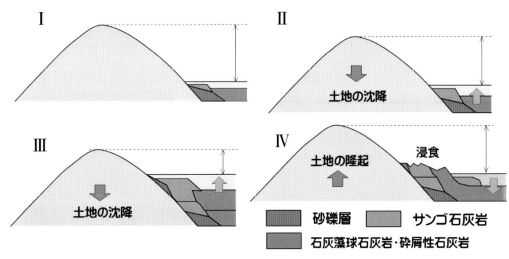

I

II
土地の沈降

III
土地の沈降

IV
土地の隆起　浸食

■ 砂礫層　　■ サンゴ石灰岩
■ 石灰藻球石灰岩・砕屑性石灰岩

I　海進の始めころ現在の標高の低い場所で砂礫やサンゴ石灰岩が堆積し、沖合には砕かれたサンゴ破片などが堆積しました。
II　海進が進むとサンゴ礁が成長し、サンゴ石灰岩は厚くなりました。沖合にサンゴ破片などが堆積しました。
III　さらに土地が沈むとサンゴ石灰岩はより厚くなり、陸地の近くでは砂礫が堆積し、沖合にはサンゴ破片などが厚く堆積しました。
IV　土地が隆起し始めるとサンゴ石灰岩などは浸食され、より低いところにサンゴ礁ができました。

※ 海進は海水面が上がることです。温暖期に氷河が溶けたり、土地が沈降すると起こります。ここでは土地の沈降で起きたとしてあります。

図44　徳之島層の堆積していく様子

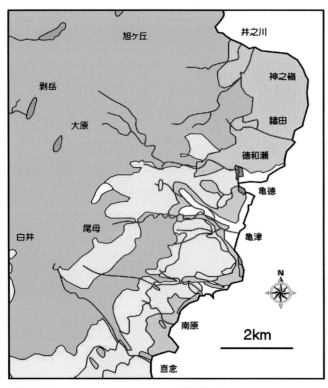

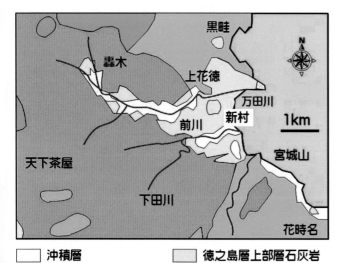

図45 徳之島層の分布 （産総研の図を改変）
上：亀津周辺、　下：花徳周辺

り、中位段丘をつくる地層（木之香（きのこ）層や亀津層）、低位段丘をつくる地層へと変化したと考えられていました。そのため、地形的に一番高い所に古い地層が、一番低い所に新しい地層があるとされていました。

しかし、その後現在のサンゴ礁の形態（図15）を参考にした徳之島層の研究が進み、海水面が低い時期から海進で海水面が高くなった時期にかけてできたサンゴ礁の様々な堆積物、それと同時に堆積した泥や砂・礫の堆積物が一つの単位（ユニット）となった地層と分かってきました。

海進が始まった頃には、現在の地形的に低い場所（標高の低い場所）で泥や砂・礫、サンゴ石灰岩が堆積しましたが、海進が進むとサンゴ石灰岩が堆積する場所が、現在の地形的に高い場所へ移動し、それに伴って現在の標高の低い場所は水深が深くなり、石灰藻球石灰岩や砕屑性（さいせつせい：細かく砕けた状態）の石灰岩が堆積しました（図44）。これまでの考えとは逆に、むしろ高い場所にある地層が新しくなりました。

徳之島では約100万年前から、このような地層の堆積が2回繰り返され、古い方をユニット1（下部）、新しい方をユニット2（上部）としてあります。その後、目手久付近を中心に最大層厚5m程度の石灰岩層が堆積しました（図22）。目手久で見られる石灰岩層を目手久層と呼び、10数万年前頃に堆積したものです。

徳之島町内での徳之島層の分布は次のようになります（図21、45）。井之川から南原（はいばる）・本川にかけては、徳之島層下部の礫混じりの砂層が広く分布し、まだら状に徳之島層下部のサンゴ石灰岩が分布しています。また、花徳から轟木付近にも徳之島下部層の礫混じり砂層が分布しています。

南原から本川にかけての海岸には礫混じり砂層が厚く堆積し（図40）、その上に石灰岩が乗っています。石灰岩と砂礫層とは堆積した時期が違っていて、石灰岩は徳之島上部層の一部になります。また、礫混じり砂層中にも途中で不整合があり、徳之島層上部の礫混じり砂層に変化します。不整合とは時代の違う地層同士の関係を表す言葉です。

南原付近の礫混じり砂層はまだ固まっておらず柔らかく、土木建築用の材料として採掘され利用さ

図46 クロスラミナ　南原

図47 貝化石　南原

れています。ここの礫は砂岩や泥岩（頁岩：けつがん）、チャートなど様々な種類があり、当時の徳之島の山地が侵食されできたものになります。ただ、花崗岩の礫はありませんので、中部〜南部にあった山地から運ばれてきたと考えられます。

　この砂層をよく見ると細かい縞模様があり、それが互いに切り合っていますが、このようなものを斜交葉理（クロスラミナ）と呼んでいます（図46）。斜交葉理は強い流れがある水中で砂礫が動いてつくられ、水流の強さの違いでさまざまなタイプができます。ここではハンモック型、トラフ型と呼ばれるものが見られます。

　また、砂層には貝化石が入っていることがあります（図47）が、砂層の厚さに比べるとその数は少なく種類も限られています。その代わりに多いのが生き物のすみ家の跡です。主にスナモグリやカニなどの巣穴と推定されるもので、このようなものも立派な化石で生痕化石と呼びます。穴の大きさは径3cmから0.5cm、細長く数10cm伸びるもの、途中で枝分かれするものなど形は様々です（図48）。また、穴が砂粒で補強されたものもあります。このような生痕化石からは当時の海の様子を推定することができ、南原付近はやや河口に近い干潟から浅海の環境で、時々は荒い波が起き強い流れがあった場所でした。礫混じり砂層が堆積した頃、この付近ではまだサンゴ礁はそれほど発達していませんでした。

　奥名川や本川沿いを登っていくと、砂礫層を覆って石灰岩が堆積しています。この砂礫層は徳之島層上部のもので、石灰岩も徳之島上部層になります。石灰岩をよく見るとサンゴの形が残っているものがあり、サンゴ礁が広がっていったことが分かります。

　ところで亀徳川の下流には大きな礫の層があり、その上に石灰岩が堆積している場所があります。これは徳之島層下部の礫層とサンゴ石灰岩です（図49）。この付近は数10万年前には海岸か、河口近くで岩がゴロゴロした場所でしたが、そのうちに波静かな浅い海にかわりサンゴ礁ができてきました。海水面の上昇とともにサンゴ礁は上に伸び10数mの厚さになりました

図48 生痕化石　南原
上：多くの生痕化石が密集する　下：様々な大きさのものがある

34

図49 亀徳川左岸の礫層と石灰岩

図50 轟木の徳之島層
角張った礫層が堆積しています　風化した花崗岩の上に礫層が
堆積し、上側は礫まじりの砂や泥の層になっています

が、これが現在の亀徳川両岸に出ている石灰岩の一部になります。

徳之島町の北部では花徳周辺を除いて徳之島層の分布は狭いですが、轟木付近では徳之島層下部の砂礫層が堆積しています（図45、50）。礫は最大20cm程度で角張ったものが多く、近くの山地から洪水などによって流されてきたものと推定されます。

徳之島層の上部層は主に亀津周辺、尾母付近の山麓に分布しています。標高の低い場所では礫混じり砂層ですが、尾母の南側ではサンゴ石灰岩が等高線に沿って分布しています。尾母から白井・大原にかけては再び礫混じり砂層が現れ、サンゴ石灰岩は見られなくなります。徳之島上部層の堆積する高さは200m程度で、ここまでが海水面が上昇した高さになります。

大原の西側にある天城町三京（みきょう）にも礫混じり砂層が堆積しましたが、それに加えて泥層も堆積しています。砂礫層の中にはマツの実（松ぼっくり）や枝の化石（図51）が入っていることから、当時、この付近は山に近いところで、泥が流れ込むような入り江でした。同じような植物化石は白井から伊仙町中山にかけても分布し、当時、南側にも入り江があったと考えられます。

徳之島の標高200m付近はやや海側へ傾いた台地になっていますが、ここは礫混じり砂層でつくられていることから、この付近に海岸線があり砂礫がたまりました。もっとも海が広がっていた頃の徳之島は、現在の台地より上側の山地が島であったと考えられます。200mの高さまで海が広がっていたとすると、轟木付近を境にして二つの島に分かれるようになりますが（図52）、徳之島層の分布から陸続きであったと推定されます。もっとも、徳之島層が堆積しても侵食された可能性がありますので、さらに検討が必要です。

当時は与論島と喜界島は完全に海面下にあり、沖永良部は大山付近が少しだけ海面上に顔を出していて、金見崎沖のトンバラを少し大きくしたくらいの島でした。これに対し徳之島は現在の沖永良部くらいの大きさで、奄美大島は今とほとんど変わらないくらいの大きな島でした。

伊仙町小島の小原海岸には石灰岩からできた急な

図51 徳之島層中の植物化石　三京

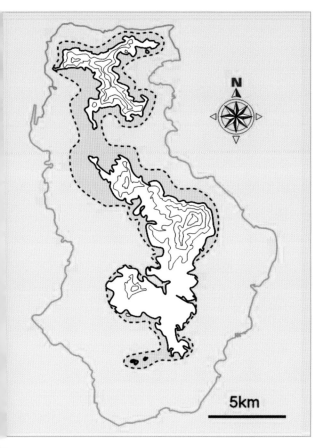

崖がありますが、ここの石灰岩は徳之島上部層になります。ここの海岸の70mの高さにある石灰岩の割れ目（フィッシャー）から、リュウキュウジカ、イシガメなどの化石が見つかっています。割れ目がいつ形成されたかは不明ですが、少なくとも徳之島層上部層が陸上に現れ、目手久（めてぐ）層が堆積する10数万年前頃までは、徳之島にリュウキュウジカがいたことは確かです。

　琉球サンゴ海が広がった数10万年前の徳之島は、小さかったとは言え大型の生物が生きることができる自然があったことになります。これらの生物は細々ながらも生き延び、独自の進化を遂げながら、その後に海面が下がり海底が陸地になっていくにつれ、生息場所を拡大していったと考えられます。

図52　徳之島層堆積当時の島の様子　　標高200m以上が水没していたとすると、徳之島は2つの島になります。しかし徳之島層の分布からはつながっていたことになりま。灰色部分は陸地であった可能性がある所です。

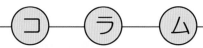

赤土の不思議

　徳之島を含めた琉球列島では広い範囲でマージと呼ばれる赤土が見られます。赤土は粘土からできていますが、とくに石灰岩地帯の赤土は赤黒く、白い石灰岩とのコントラストがはっきりしています。

　石灰岩地帯の赤土については、これまで石灰岩の風化作用で石灰岩が溶け、取り残された鉄分などが堆積した

石英が混じった赤土

とされてきました。しかし、石灰岩の中にはあまり鉄分は含まれておらず、どうして厚く積もっているのか不思議でした。

　ところで、春先になると大陸から黄砂がやってきて洗濯物が汚れたり、車にうっすらと積もっていることがあります。黄砂は非常に細かい粘土の粒ですが、その中には石英という鉱物が入っています。最近の研究で、石灰岩の上にある赤土には大量の石英が入っていること、石英の源をさぐると黄砂であることが分かってきました。つまり赤土の大部分は黄砂が降り積もってできた、ということになります。

　今から数万年前は寒冷な氷期でした（図59）が、氷期の頃は大陸の土地が乾燥し、そこからは今以上に大量の黄砂がやってきました。それが石灰岩の上に生えた植物の間に降り積もり、年とともに上へ上へと重なり、何万年もの間には1mくらいになってしまったのです。

図 53　伊仙町小島のドリーネ内に堆積する火山噴出物
下側の黄色の層が AT 火山灰で、黒色の腐植土層を挟んで硫黄鳥島起源の火山噴出物が堆積しています

Ⅴ　火山噴出物

　徳之島は主に堆積岩・花崗岩からできた島で火山島ではありませんが、地表面付近には火山噴出物が何枚か堆積しています。

　2002 年 2 月に伊仙町小島の台地で行われた畑地整備事業で、浅いドリーネ内に堆積する古い土壌と黄色、黄褐色の火山灰層が出現しました（図 53）。黄色の火山灰は層厚が 50㎝ 近くもあり、何枚かに成層して堆積していました。また、同じ台地のガラ竿遺跡でも、黄色の火山灰が 30㎝ 以上の厚さで堆積していました。この火山灰を調べると無色透明な火山ガラスが入っていましたが、その屈折率を測定したところ AT 火山灰と呼ばれる火山噴出物と分かりました。

　AT 火山灰は約 3 万年前に鹿児島湾奥にある姶良カルデラから噴出したもので、シラスと呼ばれる火砕流の堆積物（正式には入戸火砕流堆積物）が噴出したとき、それに伴って一緒に噴出した火山灰です。この火山灰の分布は青森県から沖縄近海までの広い範囲に及んでいますが、最初に神奈川県の丹沢山地で発見され、その噴出源を調べたら姶良カルデラであったことから、姶良丹沢火山灰、その頭文字をとって AT 火山灰と呼ばれるようになりました。

　奄美群島ではそれまでに AT 火山灰が分布することは知られていましたが、せいぜい 2〜3㎝ の厚さであることから、このように厚いとは予想されていませんでした。その後、手々の山麓を中心に徳之島では広く分布することが分かってきました。ドリーネ内とは言え 50㎝ 近くの厚さで堆積することから、当時の徳之島ではぶ厚く火山灰が降り積もり、まるで大雪に覆われたような光景であったと想像され、すさまじい環境破壊が起こったと考えられます。徳之島と姶良カルデラとは 450㎞ 以上も離れていながら、このように厚く降り積もったことからすると、AT 火山灰の噴火はとてつもなく大きなものであったことが分かります。噴出物の量からすると、桜島大正噴火の 200 倍以上の大噴火でした。

　AT 火山灰は当時の人々にとってはやっかいな存在ですが、約 3 万年前という年代の目盛りを提供することになり、考古学など広い分野で利用されています。

　ところで徳之島北部の手々では、以前

硫黄鳥島火山灰 →
AT火山灰 →

1m

マサ土

図 54　手々の火山灰層
マサ土の上に平行に堆積しています

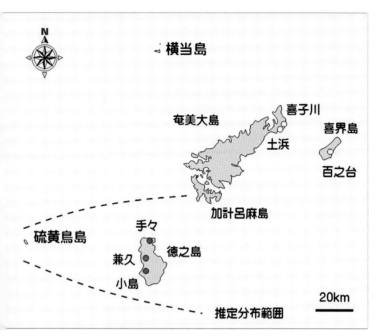

図55 硫黄鳥島の位置と火山灰の分布地点
黄色：AT火山灰の確認地点
赤色：AT火山灰と硫黄鳥島起源の火山灰確認地点

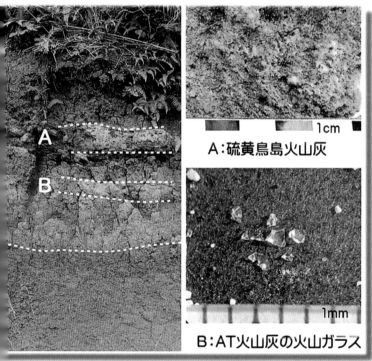

A：硫黄鳥島火山灰

B：AT火山灰の火山ガラス

図56 手々の火山灰層
Aの部分が硫黄鳥島起源火山灰でBの部分がAT火山灰

から火山礫質の火山灰がある(図54)ことが知られていましたが、それがいつ噴出したものか不明でした。しかし、その後の調査でこの火山灰の下にAT火山灰があることが確かめられ、少なくとも3万年より新しいと分かりました。

　徳之島は火山島ではありませんので、この火山灰の噴出源は他にあることになります。奄美群島の近くにはトカラ列島の横当島、沖縄県の硫黄鳥島があります。横当島は奄美大島の北西に、硫黄鳥島は徳之島の西方約70kmにあり、奄美大島ではこのような火山灰が見つからないこと、火山灰層の厚さや粒子の大きさから、硫黄鳥島から降ってきたと考えられます(図55)。

　火山灰層をよく観察すると、径5〜6mmの安山岩質の火山礫、緻密な軽石状のものが互いにくっついて硬くなっています(図56)。硫黄鳥島には何枚もの溶岩や火山灰層がありますが、今のところこのような特徴を持つ火山灰は確認されていません。

　桜島の大正噴火では桜島の東側約40kmにある志布志市で10cm程度の火山灰が積もりました。これと比較すると、約70km離れて10cm以上の厚さがあることから、少なくとも大正噴火の数倍以上の噴火規模であったと考えられます。

　また、小島の台地ではAT火山灰の上に何枚かの火山灰層が堆積していて、硫黄鳥島からのものも含まれると予想されますが、噴出源や噴出した時代、噴火規模など詳しいことは分かっていません。地表近くには角閃石（かくせんせき）という鉱物を含む泥質の火山灰層がありますが、これと同じものが奄美大島でも見つかっていて、大規模な噴火で噴出したと推定されます。

　その他の火山灰として、伊仙町の面縄貝塚や天城町の下原洞穴遺跡で、アカホヤ火山灰の火山ガラスが確認されています。アカホヤ火山灰は約7,300年前に、鹿児島県三島村にある鬼界カルデラから噴出したもので、これもAT火山灰と同じように日本列島中部から沖縄近海まで広く分布してい

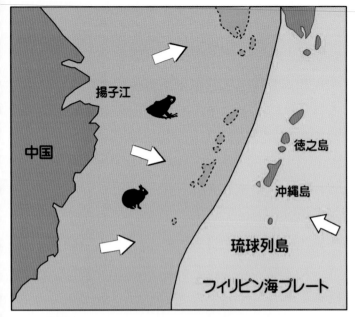

図57 約1,000万年前頃の古地理図

【凡例】
■ 1,000万年前ころのアジア大陸
■ 1,000万年前ころの琉球列島（存在しない）
■ 現在の琉球列島・大陸　⇨ 生物の渡来
⇨ フィリピン海プレートの移動方向

ます。しかし、平地では侵食作用などで流されてしまい、土を洗ってようやく見つけることができる程度です。

Ⅵ 地史と生物の渡来・進化

これまで述べてきたように、徳之島の土台をつくる地層が堆積した約9,000万～7,000万年前、花崗岩ができた約6,300万年前頃は、徳之島を含め琉球列島のもとになる土地はアジア大陸の一部でした（図23、36）。その後、約1,000万年前まで同じような状態が続きました。その頃まではアマミノクロウサギなどの先祖は、大陸の縁付近で生活していました（2ページ参照、図57）。

約1,000万年前頃になると、前述のようにフィリピン海プレートの沈み込みの影響で、沖縄トラフをつくる地殻変動が起き、アジア大陸の縁が少しずつ凹んでいきました。そのことで琉球列島のもとになる土地はアジア大陸から切り離されました。沖縄トラフが拡大するにつれ、現在の琉球列島は太平洋側へ押し出され、琉球列島の原型ができました。

今から約600万年～500万年前になるとさらに凹地が深くなり、ついには海が入ってきて泥が厚く堆積し、喜界島などの島尻層群ができました（図41）。

トカラ列島の悪石島と小宝島の間は渡瀬線と呼ばれ、生物の大きな境界になっていますが、沖縄トラフの拡大による琉球列島の太平洋側への進出で、断層運動が起こって陸地に深い裂け目ができ、海が入り込んだ場所になります。このため、この頃に琉球列島北部（大隅諸島・トカラ列島）と琉球列島中部が切り離されました。この海峡をトカラ構造海峡と呼んでいて、渡瀬線と一致します。

また、沖縄本島と宮古島の間は300kmほど離れていますが、ここには慶良間海裂（慶良間ギャップ）と呼ばれる深い海があり、生物の分布の境界になっています。ここも同じ頃に南海トラフの拡大の影響を受け、台湾を軸として八重山諸島が時計回りに25度ほど回転して断層ができ、そこに海が入り込んでで

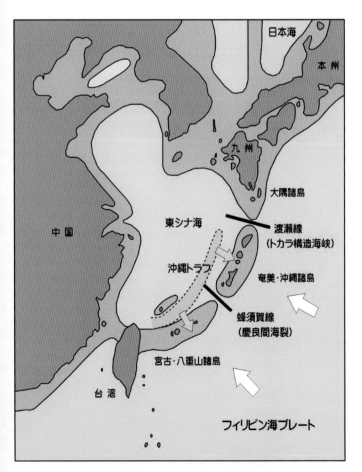

【凡例】
■ 現在の陸地　■ 約200万年～100万年前
⇨ 沖縄トラフの拡大方向　⇨ フィリピン海プレートの移動方向

図58 第四紀前期頃の古地理図

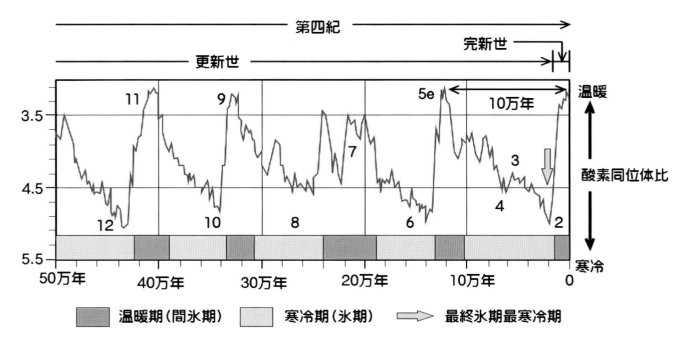

図 59　第四紀中期から最近までの気候変化　　約 10 万年周期で寒暖を繰り返します。

酸素同位体比の変化から、温暖な時期を奇数、寒冷な時期を偶数にしてあります。

現在は 1 になります。5e は一つ前の温暖期の最も暖かい時期です（10 ページ参照）。

きました。このため琉球列島中部と琉球列島南部が切り離されました（図 41）。

その後の一時期、沖縄トラフの拡大は停止しましたが、約 200 万年前の第四紀前期頃には本格的な

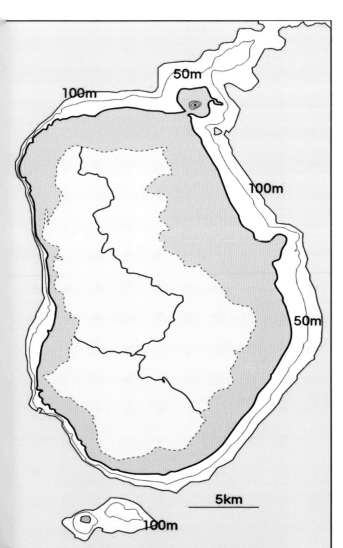

図 60　海面が 100m 下がったときの徳之島

水深はその場合の深さを示します

リフティングが始まり、琉球列島のもとになる陸地は大陸から完全に分かれ孤立しました。

その頃、奄美群島はまだ沖縄本島などとつながっていて、生物は互いに行き来できましたが、トカラ海峡から北側、慶良間海裂から南側へは移動できず、独自の進化を遂げることになりました（図 58）。

その後、地殻変動により一つながりの島であった琉球列島中部はブロック状に割れ、それぞれ独立した島へと変化しました。その過程でさらに生物は独自の進化をするようになったり、あるいは絶滅したりしました。約 100 万年前頃になると琉球サンゴ海が広がり、島の周囲には造礁サンゴが広がりましたが、一部の島は水没したり徳之島のようにひと回り小さな島になりました（図 52）

ところで、第四紀という時代は全般的に寒い時期でしたが、気候の寒暖の差が大きく約 10 万年の周期で変化していました（図 59）。暖かい時期には海面が数 m 持ち上がり、寒い時期には 100m 以上下がりました。寒い時期には徳之島はひと回り大きな島（図

60)で、トンバラともつながっていましたが、それでも奄美大島・沖永良部島とつながることはなく、生物の行き来はありませんでした(図6)。

Ⅶ 地震活動

　奄美近海はあまり地震が起きないと思われていますが、1911 年（明治 44 年）6 月には喜界島北東沖でM8.1 の巨大地震が発生しています。この地震では現在の奄美市で震度 6 の揺れがあり、同時に津波も発生し喜界島では 10m の高さになりました。これにより喜界島を中心に大きな被害がありましたが、徳之島での被害の状況はよく分かっていません。加計呂麻島・請島では津波の高さは 1m 程度であり、徳之島でもそれくらいであったと推定されます。1917 年に発行された『徳之島小史』という本には、鹿浦港で崖から大きな石が落ち、人家が埋もれて死者 5 人・負傷者 6 人が出たと記録されています。

　その後、奄美近海では大きな被害をもたらす地震は発生していませんが、1970 年にはM6.1 の地震があり奄美市内で震度 5 の揺れがありました。そして、1995 年にはM6.9 とM6.7 の地震が喜界島沖合で連続して起こり、喜界島で震度 5 の揺れがありました。この地震により喜界島では 1.5m 程度の津波が押し寄せました。2001 年には奄美大島近海でM6.0 の地震があり、住用村で震度 5 強の揺れがありましたが、この地震による人的な被害はありませんでした。その後、20 年以上にわたって大きな地震は起こっていません。

　奄美近海の地震は主にフィリピン海プレートの沈み込みにより発生します(図 42)。よく知られているように、フィリピン海プレートがユーラシアプレートを押すことで岩石にひずみがたまります。ひずみが限界に達すると、それを解消するために地震が起こります。奄美近海では 1911 年の地震以後も何回か地震が発生していますが、M8クラスの地震周期についてはよく分かっていません。

　徳之島には4本の活断層が知られていて(図61)、徳之島町の諸田付近には活動度C級の活断層があります。他に伊仙崎・犬田布・平土野にありますが、いずれもB級の活断層です。

　伊仙崎断層は弧状になって南西側に約 15m 落ちた正断層で、犬田布断層は南側に最大 30m ほど落ちた正断層、平土野断層は北東側へ最大 30m ほど落ちた正断層です。これらの断層は徳之島層を切っているということだけで、活動した時期や周期などは分かっていません。

図 61　徳之島の活断層

台風で打ち上がる石 －台風石

大小様々な台風石が転がる金見海岸

　大きな台風が来ると、サンゴ礁が壊された石が打ち上げられることがあります。金見の海岸には大小様々なサンゴ石灰岩が転がっていますが、これはすべて台風で打ち上がった台風石になります。

　2018年には大きな台風が来ましたが、その時には真新しい台風石が現れました。台風石には貝殻や海藻がくっつき、リーフ（礁原）の石灰岩には海から陸側に向かう擦った跡があり、海から来たことは確かでした。

　このときの台風では伊仙崎や鹿浦海岸でも大量の台風石がありました。とくに伊仙崎では標高10m以上の畑まで打ち上がっていました。

　宮古島など八重山諸島では津波で打ち上がった津波石があり、その一部は国の天然記念物に指定されています。台風で打ち上がった石と津波で打ち上がった石との区別は難しいです。ただし、台風で打ち上がった石はリーフ内や礁池にとどまりますが、津波石はそこを越えて砂浜や丘の上にも分布します。

　石灰岩はすき間が多いとは言え、何トンもあります。このような大石を陸まで運び上げる台風のすさまじいエネルギーには圧倒されます。

　井之川には昔、神様が石に乗ってやってきたというイノヌイビガナシという伝説があり、台風か津波によって海から運ばれて来た大石の伝説かもしれません。

金見海岸の台風石

伊仙崎の畑に打ち上げられた台風石

3 徳之島の岩石・鉱物図鑑

岩石の種類

地表に現れている岩石は堆積岩、火成岩、変成岩の大きく3つに分けられています。

堆積岩は主に泥や砂など砕かれたものが堆積したり、生物が死んだものが堆積してできます。また、火山噴出物や水中の化学成分が沈殿してもできます。火成岩はマグマが冷えて固まった岩石で、マグマの化学組成やできた深さで様々なものができます。変成岩は堆積岩や火成岩が圧力や熱の作用を受けてできた岩石です。

なお堆積岩は、火成岩・変成岩が砕かれ、または堆積岩自体が砕かれて堆積物になり、それが固まってもできます。

岩石

堆積岩 泥や砂・礫、生物の遺骸などが堆積してできた	⇄	火成岩 マグマが冷え固まってできた

変成岩 堆積岩・火成岩が熱や圧力を受けてできた

マグマ

カンラン岩

岩石の分類

砕屑物の区分

粘土	シルト	砂	礫

1/250mm　1/16mm　2mm
泥
0.004mm　0.063mm

I 堆積岩

砕かれてできた泥や砂・礫が固まった砕屑（さいせつ）岩、生物の遺骸（いがい：生物の死んだもの）が固まった生物岩、水中の化学物質が沈殿してできた化学岩、火山噴出物が固まった火山砕屑岩に分けられます。泥、砂、礫は粒の大きさで区分されています。

泥岩（頁岩（けつがん））

泥、砂、礫は粒の大きさによって分けられ、16分の1mmより小さいものを泥、16分の1mmより大きく2mmまでのものを砂、2mmよりも大きなものを礫と呼んでいます。

泥岩は粒の大きさからシルト岩と粘土岩に区分されますが、見た目で区分するのは難しいです。徳之島の白亜紀の泥岩は有機物を多く含むことから、黒っぽい色をしています。徳之島の泥岩が堆積した白亜紀は温暖な時期で、海底は酸素の無い状態になり

泥岩（頁岩）　　砂岩

上：メランジの基質をつくる泥岩　山（さん）
下：白亜紀の黒色泥岩（千枚岩）　与名間海岸

乾湿風化

　泥岩（頁岩）を見ると細かい破片状に割れ、手で崩すことができるくらいになっています。

　これは泥岩（頁岩）が水にぬれると膨らみ、乾燥すると縮むことを繰り返すことでボロボロになったものです。このようにして起こる風化を乾湿風化と呼んでいます。

　泥岩（頁岩）は深い海の底でたまったものですから、それが陸上に顔を出すときに上にある岩石の圧力が小さくなり、膨らんで細かく割れる作用も加わります。泥岩が膨らむ作用も加わります。このようにして泥岩（頁岩）はもろくなり、大雨が降るとよくがけ崩れを起こします。

　有機物が分解されることがなく、泥と一緒にたまっていきました。そのため全体に黒っぽくなり、それが押し固められ黒い泥岩になりました。

　徳之島の泥岩の大部分はさらに押し固められ頁岩という、本のページをめくるようにはげる岩石になり、もっと押し固められ千枚岩という岩石になっていることもあります。徳之島の泥岩（頁岩）は大半の場所で砂岩と互層しています（図27）。メランジ堆積物の基質の部分をつくっています。

砂岩

　砂岩は砂粒が固まってできた岩石で、砂粒が目で見えるくらいの粗粒砂岩から、泥岩（頁岩）のようにきめ細かい細粒砂岩まであります。また、含まれる石英の量により様々分けられています。徳之島では泥岩（頁岩）と互層していることが多いですが、金見から手々にかけては砂岩の厚い層があります。泥岩（頁岩）に比べて硬く、地層の中から飛び出していることが多く、見分けるポイントになります。また、メランジの中に入っている岩塊は、ほとんどが砂岩になります。

礫岩

　礫は 2mm よりも大きなもので、粒の大きさで細礫・中礫・大礫に区分されます。徳之島では礫岩は少なく、とくに白亜紀の地層ではメランジ堆積物の部分を除き、ほとんど見ることができません。固まった礫岩は徳之島層下部の一番底（基底部）でわずかに見ることができます。黒畦の海岸では石灰岩が露出していますが、その下には大小の礫が固まった礫岩が見られます。

砂岩　上：全体にかたまり状になります
　　　下：砂粒が見えるものもあります

礫岩　上：花徳黒畦　　下：伊仙崎

ここでは礫が角張っていますが、伊仙崎では礫が丸くなっています。

石灰岩

石灰岩は石灰質の殻を持つ生物の遺骸が堆積してできた生物岩、水中の石灰分が沈殿してできた化学岩の二つに分けられます。徳之島の石灰岩は造礁サンゴからできたサンゴ石灰岩、石灰藻からできた石灰藻球石灰岩、サンゴの破片などからできた砕屑性石灰岩です。ほとんどが徳之島層のものですが、一部には数千年前のものがあります。

琉球層群の石灰岩はかつて琉球石灰岩と呼ばれていましたが、最近ではこの名称はあまり使われなくなりました。琉球層群の石灰岩は奄美から沖縄の与那国島までの広い地域に見られ、北限は奄美大島の東にある喜界島です。トカラ列島の宝島・小宝島にも石灰岩がありますが、最近の新しい時代にできたものです。

石灰岩の表面は全体に黒みを帯びた灰色をしていますが、割ると内部はややベージュ色を帯びた白色をしています。表面がガサガサして穴がたくさん空いているもの、詰まって緻密なものなど様々な顔つきがあります。サンゴ石灰岩にはサンゴ化石、貝化石などがはっきりと見えるものもあります。また、石灰藻球石灰岩は丸い形をした石灰藻の化石が見えます。

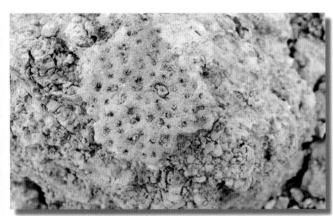

石灰岩の化学組成は炭酸カルシウム（$CaCO_3$）で、二酸化炭素を含んだ水に溶ける性質があり、石灰岩地帯にはドリーネや鍾乳洞ができます（13ページ、「カルスト地形」参照）。石灰岩に塩酸を加えると激しく泡立ちますが、これは二酸化炭素が発生しているからで、石灰岩は二酸化炭素の貯蔵庫と言えます。

ビーチロック

その名前のとおり海辺にある岩石で海浜岩とも呼ばれます。おもに生物の遺骸からできた砂が、サンゴ破片や貝殻、岩片などを方解石という鉱物とともに固めた岩石です。波打ち際にできていて、何枚かの板が積み重なったように海側に数度ほど傾いて堆積しています。

ビーチロックのでき方としては日中に海水が蒸発し、

砂岩　上：サンゴ石灰岩（亀津南原）　下：石灰藻球石灰岩（下検福西）

海水中にあった炭酸カルシウム成分が結晶（方解石）になり、砂粒などを固めたと考えられています。最近の研究では微生物（細菌）も固化作用を促進しているとされています。

　日本では能登半島の石川県珠洲市が北限で、五島列島奈留島の海岸など各地に点在し、奄美群島ではどこでも見ることができます。

　徳之島のビーチロックのできた年代は約2,900年前、2,200年前、1,800～1,700年前が知られていますが、亀徳では醤油の瓶を含んだビーチロックが発見され、現在でも造られつつある岩石になります。

ビーチロック　金見
有孔虫やサンゴの破片・貝殻が固まっています

有孔虫石灰岩

　南原の海岸には徳之島層下部層の砂礫層が堆積していますが、崖の上部になると石灰質になってきます。その中には径4～5mmくらいの丸いものが入っていることがあります。これは原生動物の有孔虫の一種で、オパキュリナ・パーチクッシュマンと呼ばれるものです。

　有孔虫は石灰質の殻を持っているため、この遺骸が堆積して固まると石灰岩になります。南原の有孔虫石灰岩は残念ながら崖の中腹にあるので、海岸に落ちた転石でしか見ることができません。

　となりにある沖永良部島の知名町ト平川では、この有孔虫化石の厚い層があり、鹿児島県の天然記念物になっています。

亀津南原の有孔虫石灰岩

チャートの地層　与名間

上の拡大写真　縞模様があります

チャートの円礫　小鳥の卵のようです　戸森

凝灰岩（上）　白い部分が凝灰岩です
凝灰角礫岩（下）　　下久志

チャート

　水中の二酸化ケイ素（SiO_2）が沈殿したり、放散虫という生物の死骸が固まってできた岩石で、徳之島では与名間の海岸にわずかに分布しています。全体に硬くて緻密な岩石で、黒色を帯びた青と白っぽい縞模様が目立ち、ハンマーで割るとガラス光沢のある面が出てきます。

　与名間のチャートは与名間層に挟み込まれています。放散虫を含むチャートは深海底にたまってできるので、太平洋プレートの動きで南方からやって来て海溝で付加したことになります。

　しかし、与名間のチャートは花崗岩の熱を受けているためか、もともと入っていなかったのか、放散虫の化石が見つからず、いつ頃深海に堆積したか分かっていません。ただ、与名間層が白亜紀に堆積した地層であることから、それよりも前の時代であることは確かです。

　現在のチャートの分布は与名間の海岸だけですが、天城町南部から伊仙町北部にかけては、徳之島層の中に大量のチャート円礫が入っています。このことから徳之島層が堆積した当時の山地には、チャートの岩体が広く露出していたと推定されます。チャートは非常に硬く鋭利で、古代人はこれらを使って石器として利用していました。

凝灰岩・凝灰角礫岩

　火山灰が堆積して固まった岩石を凝灰岩（ぎょうかいがん）と呼んでいます。徳之島は火山島ではありませんが、白亜紀後半の地層の中にまれに入っています。全体に青白色を帯びた細かい粒からできた岩石で、天城町与名間の海岸では二酸化ケイ素（SiO_2）の多い酸性（珪長質とも呼ばれます。次ページ参照）の凝灰岩が見られます。また、東側海岸では枕状溶岩に伴う小規模な凝灰岩もあります。

　凝灰角礫岩は堆積した火山灰や火山礫・火山岩塊が固まった岩石で、凝灰岩と同じように枕状溶岩に伴っているのが見られます。大小様々な溶岩の破片を含んでいますが、溶岩が海底を流れるときにバラバラになったものです。

運ばれた石―山川石

　徳之島の古い墓石を見ると、黄色っぽい色をしたものが目につきます。これは山川石と呼ばれるもので、指宿市山川町で採掘されたものです。全体にきめの細かい石で柔らかく加工しやすいため、様々な彫刻がほどこされています。海を越えて運ばれてきた貴重な石材でした。

　山川石はもともと火山から噴出した、火山灰・火山礫が固まった凝灰岩・凝灰角礫岩になります。

　墓石の銘を見ると江戸時代のものもありますが、新しいものでは昭和50年代のものもあります。山川石は県内各地の墓で見かけ、主に武士であった人たちの墓石に使われています。

　現在の墓石はほとんどが花崗岩になっていますが、その大部分は外国産のもので、日本産の花崗岩は少ないです。

Ⅱ　火成岩

　マグマは地下100kmくらいの深さにあるマントルで、かんらん岩という岩石に水が付け加わり融けてできます。岩石に水が加わって融けるとは不思議ですが、マントル中の水は数100℃もの熱水で、かんらん岩が融ける温度（融点）を下げる働きをします。水は海の水がプレートに染み込んだもので、プレートの沈み込みとともにマントルに絞り出されていきます。

　マグマが冷えて固まると火成岩という岩石になります。火成岩はできる深さでおおまかに深成岩、火山岩に区分され、含まれる二酸化ケイ素

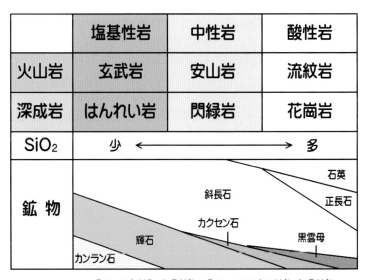

	塩基性岩	中性岩	酸性岩
火山岩	玄武岩	安山岩	流紋岩
深成岩	はんれい岩	閃緑岩	花崗岩
SiO_2	少 ←		→ 多

色のついた鉱物：有色鉱物　色のついていない鉱物：無色鉱物

火成岩の分類

（SiO_2）の量で塩基性（苦鉄質とも呼ぶ）岩、中間質岩、酸性（珪長質とも呼ぶ）岩に区分されます。塩基性岩は黒っぽく、酸性岩は白っぽい色を帯び、中間質岩は灰色っぽいです。この違いは火成岩に含まれる鉱物の量の違いになります。また、マントルをつくるかんらん岩を超塩基性岩と呼んでいます。

　徳之島では花崗岩とそれに伴う花崗岩に似た岩石、枕状溶岩をつくる玄武岩、かんらん岩が変化してできた蛇紋岩が分布しています。

　テレビなどで、プレートが沈み込むときの摩擦熱で岩石が溶けてマグマができるという解説がありますが、実際にはそのようなことは起こっていません。

ムシロ瀬　花崗岩の海岸線が広がる

花崗岩（かこうがん）

　白い色をした岩石で、酸性岩の深成岩になります。色が白いのは石英や長石という白い鉱物が多く入っているからです。また、黒ゴマのような黒雲母という鉱物も目立ちます。27ページで触れたように、地下深く（10数km～数km）でマグマがゆっくりと冷えてできました。ゆっくりと冷え固まったため、鉱物が十分に成長する時間があり、大きくなることができました。偏光顕微鏡という特殊な顕微鏡で見ると、鉱物がすき間無く詰まっている等粒状組織が分かります。

　徳之島の花崗岩のほとんどは塊状をしていますが、母間の花時名（けどきな）や天城町の当部付近では花崗岩が圧力を受け、鉱物が同じ方向に並んで片状の模様をつくっています。

　徳之島の花崗岩は含まれる鉱物の違いと鉱物の並び方から、次のように分けられています。花崗閃緑岩は花崗岩と閃緑岩との中間的なものです。

花時名・当部：片状黒雲母花崗岩　　　　三京：角閃石黒雲母花崗岩

美名田（みなだ）・馬根（ばね）：黒雲母花崗閃緑岩　ムシロ瀬・与名間：角閃石黒雲母花崗閃緑岩

ムシロ瀬の花崗岩の鉱物は小さいものが多い

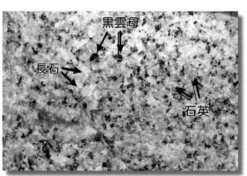

天城町松原付近では大きな鉱物が目立

偏光顕微鏡で見たときの様子
鉱物が隙間なく詰まる（等粒状組織）

半花崗岩（アプライト）

　花崗岩のマグマが冷えていったとき最後に残った液（マグマ）がすでに冷え固まった花崗岩の割れ目に入り、冷え固まってできた花崗岩質の岩石です。花崗岩にくらべ鉱物の粒が小さく、ほとんど白色でのっぺらとした岩石です。岩脈状になった所で見ることができます（29ページ、図39）。

石英斑岩（せきえいはんがん）

　ガラス質の石英の粒が点々と入っている、斑点状に

　半花崗岩　花崗岩より鉱物の粒が小さい

石英斑岩　石英の白い粒が目立つ　神之嶺

なった岩石です。石英は硬いため風化に強く、斑状に見えます。ほとんどの場所で石英はにごって白っぽい色を帯びています。ときどき黒っぽい鉱物の黒雲母が入っていることがあります。神之嶺や花時名の海岸では、半花崗岩と同じように岩脈状になっていて、石英を含むため硬くなっています。

コ ラ ム

線刻画の岩石

　徳之島には岩石に絵が刻まれた線刻画が数ヶ所にありますが、とくに秋利神川上流の天城町戸森（ともり）にあるものは規模が大きく立派です。母間にも線刻画がありますが、刻まれている岩石は色が白っぽく、透明な石英が浮き上がって見え、石英斑岩であることが分かります。岩石によっては石英の大きな粒が入っていることもあります。ここでは線刻画を刻んだ岩石が点々と連なっていることから、岩脈の一部であると推定されます。

母間の線刻画（上下）

　戸森の石英斑岩はすじ状の流れたような模様があり、同じ化学組成の流紋岩になっています。岩石のすき間にマグマが脈状に入ってきたとき、中心部ではマグマがゆっくり冷え石英斑岩に、周囲の岩石と接している所では急に冷やされて流紋岩になりました。

母間の流紋岩〜石英斑岩

戸森の流紋岩　母間のものと似ています

捕獲岩　与名間

カクセン石はんれい岩　馬根（ばね）

ペグマタイト　馬根

捕獲岩（ほかくがん）

　花崗岩の中には黒っぽい岩石が取り込まれていることがあり、捕獲岩と呼ばれています。花崗岩をつくるマグマが地層の間に入り込んでいくとき、周囲の地層（岩石）を取り込んだものです。苦鉄質のものや砂岩・泥岩などいろいろな種類の岩石があります。与名間漁港やムシロ瀬、山（さん）の花崗岩中に点々と入っています。また、神之嶺の石英斑岩にも見られます。

カクセン石はんれい岩とペグマタイト

　はんれい岩は全体に黒色を帯びた緑色っぽい感じのする岩石です。はんれい岩は塩基性の深成岩で、全体にカクセン石という鉱物の大きな結晶が目立ちます。はんれい岩には輝石やかんらん石が入っていることが多いですが、カクセン石が入っていることもあります。

　花崗岩をつくったマグマから分かれた、鉄やマグネシウムの多いマグマが地下深くで冷え固まってできました。分布は伊仙町馬根の伊仙中部ダム付近に限られています。徳之島では見かけることの少ない岩石です。

　ペグマタイトは巨晶花崗岩とも呼ばれ、大きな鉱物が入っているのが特徴です。普通は脈状になって入っています。ここではそれほど大きな鉱物はありませんが、それでも花崗岩などの鉱物に比べると大きなものが入っています。中に入っている黒い鉱物は電気石です。同じ伊仙中部ダム近くのカクセン石はんれい岩が分布するところにあります。

枕状溶岩

　海底火山山脈の海嶺、海洋のホットスポットと呼ばれる火山で噴火が起こると、玄武岩質の溶岩が噴出します。溶岩が海底に流れ出ると、高い水圧と低い温度のため表面は急に冷やされ、ガラス質の殻ができます。しかし、中はまだドロドロで次々と溶岩が噴出するため、できた殻を破って溶岩が水中に流れ出します。これを繰り返して、ちょうど歯磨きをしぼり出したような形

枕状溶岩のでき方

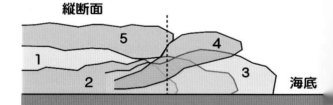

冷え固まった溶岩の殻を突き破って、新しい溶岩が1から5まで順番に出てくる

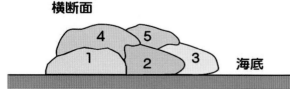

一つ一つの溶岩が枕を積み重ねたようになる

枕状溶岩の様子　下久志

枕状溶岩の内部　亀津南区

中心部では鉱物の粒が大きい

に溶岩が積み重なっていきます。断面で見ると枕を積み重ねたような形になり、枕状溶岩と呼んでいます。溶岩の内部は粗い鉱物がポツポツと入っていますが、表面は急冷されたガラス質でヒビが入っているのが分かります。玄武岩はもともと黒色ですが、変質して緑色を帯びています。

　枕状溶岩は徳之島の広い範囲に分布していますが、とくに東側海岸沿いの母間南部から南原にかけ多く見られます。枕状溶岩は火山でつくられますが、徳之島は火山ではありません。枕状溶岩は太平洋のはるか彼方にあった火山で噴出したものが、プレートの動きで徳之島付近まで運ばれてきて、白亜紀後半に海溝で付加したものです（図33）。チャートと同じように、噴出した時代は白亜紀後半より前ということしか分かっていません。枕状溶岩は国内のどこにでもあるというものではなく、このように多くの枕状溶岩があるのは珍しいことです。

蛇紋岩

　蛇紋岩は火成岩の一種のかんらん岩が変化してできた岩石で、表面が蛇のような模様をしていることから名前がつけられました。表面が深緑色で模様がきれいなことから、建築用の化粧板などに使われています。

　徳之島の蛇紋岩は砂岩や泥岩（頁岩）と同じ中生代白亜紀後半のもので、剥岳周辺を中心に北東から南西方向へ帯状に分布し、砂岩や泥岩（頁岩）の間に挟まるように入っています。蛇紋岩は蛇紋石という鉱物からできた岩石で、深い緑色〜青緑色を帯びて表面がヌルヌルしています。

　これは蛇紋石が変化し滑石（かっせき）という鉱物ができているためです。滑石がさらに変化すると、近年、健康被害で問題になっている石綿に変化します。

　蛇紋岩のもとになるかんらん岩は、地球内部のマントルをつくる岩石です。プレートの沈み込みでマントルに水が運ばれ、その水が地下数10km付近にあるかんらん岩に付け加わり、かんらん岩は蛇紋岩に変化します。できた蛇紋岩は少し軽いので地殻内ま

蛇紋岩の採石場　剥岳（はげだけ）
現在採石場は廃止

で上昇し、さらにプレートの付加作用で陸側に押しつけられ、砂岩や泥岩などと一緒に上昇し、地表に顔を出してきます。

中生代白亜紀後半の蛇紋岩は南九州市川辺町の八瀬尾、愛媛県宇和島市津島町山財などに小規模なものがある程度で、徳之島のように規模の大きなものは珍しく全国的にも貴重なものです。

緑色を帯びる蛇紋岩　剥岳

⃝コ ⃝ラ ⃝ム

運ばれて来た石ー黒曜石

徳之島には多くの遺跡がありますが、そこから黒曜石でつくった矢じりなどが出てくることがあります。黒曜石は火山の噴火でできたガラス質の岩石で、割るとするどい刃ができることから、古代の人々は盛んに利用しました。

天城町の塔原（とうばる）遺跡は縄文時代終わり頃の遺跡ですが、ここでは大量の黒曜石破片が出土しています。徳之島は火山島ではありませんので、黒曜石は島の外から運び込まれたことになります。

黒曜石の化学組成を調べたところ、佐賀県伊万里市の腰岳産のものと一致し、はるか 600km 以上離れた所から運ばれてきたことが分かり、古代人の幅広い交流の様子を知ることができました。

Ⅲ　変成岩

変成岩は堆積岩や火成岩がマグマの熱を受けたり、プレートの沈み込みによる圧力を受けて、もともとあった岩石が変化してできたものです。熱を受けてできたものを接触変成岩（熱変成岩）、圧力を受けてできたものを広域変成岩と呼びます。

徳之島で広域変成岩と呼べるものは、頁岩が圧力を強く受けてできた千枚岩くらいで、一部にあるだけです。徳之島では北部を中心に花崗

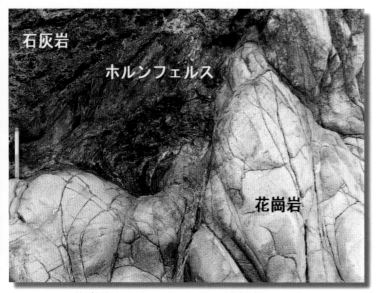

花崗岩とホルンフェルスの接触部　花時名

岩があることから、ほとんどの岩石は花崗岩マグマの熱を受け、代表的な接触変成岩のホルンフェルスに変化しています。また、枕状溶岩・チャートも熱変成作用を受けています。

紫色を帯びるホルンフェルス

ホルンフェルスは角のように硬い石という意味です。全体に黒色を帯びていて、非常に硬いのが特徴です。花崗岩の近くにあるホルンフェルスは、赤紫色を帯びています。もとの岩石が何であったかによって、泥質ホルンフェルス、砂質ホルンフェルスと区分されます。黒雲母や白雲母・董青石（きんせいせき）という鉱物が入っています。

ホルンフェルスは硬く、割れると鋭利な刃ができることから、古代人は石斧や石鏃（矢じり）として利用していました。

コ ラ ム

墓石の風化－塩類風化

徳之島の墓は海岸に沿ってつくられていることが多いです。そこでは古い墓石がえぐられ、今にも崩れそうになっているのを見かけます。そのようになった墓石は黄色っぽい石、黒っぽい石など種類は様々です。よく観察すると崩れそうな墓石は、粒が粗いものが多く見受けられます。

岩石は一般に硬くて緻密ですが、それでも小さなすき間があります。海岸近くでは日常的に海水のしぶきが飛んでいますが、これが墓石のすき間に入り込んでいきます。海水が乾燥すると塩が結晶になってでてきますが、そのときに塩が岩石を押し広げる働きをします。これが繰り返されることで、墓石は少しずつ劣化し崩れていきます。このような塩が結晶になって起こる風化を塩類風化と呼びます。

なお海岸近くは風も強く、飛んできた砂粒などでも削られて崩れていきます。

塩類風化を受けた山川石
模様が消えかかっています

Ⅳ　鉱物

岩石は鉱物からできています。鉱物は様々な化学成分が結晶になってできたもので、地球には約4,700種類、日本には約1,000種類があります。そのほとんどは同じ化学成分で、結晶の形が少し違うだけのものが多く、基本的な鉱物はせいぜい100種類くらいです。鉱物の名前には「石」がつくものが多いですが、石のように硬いことでつけられました。

徳之島で産出する主なものは、石英や黄銅鉱・黄鉄鉱など限られています。また、石灰岩が再結晶してできた方解石もあります。

石英の巨大なかたまり

石英

一般には水晶と呼ばれ、花崗岩に多く入っている鉱物です。石英の化学成分は二酸化ケイ素（SiO_2）で、無色透明なものがほとんどですが、不純物が入ると紫色になったり黒くなったりします。また、基本的には六角形をしていますが、できたときの環境でいびつな形になっていることもあります。

徳之島の銅鉱床の近くでは銅の鉱物に伴って産出することがあり、下久志の海岸では直径1mくらいの丸くなった石英の塊があります。付近で採掘した際に出てきたものと思われますが、詳しいことは分かっていません。

銅鉱物と一緒に出てくる石

枕状溶岩には割れ目やすき間がありますが、その中には淡いピンク色をした鉱物が脈状に入っていることがあります。これはその色からバラ石英と名付けられています。徳之島のものはにごった色をしており、きれいな透明ではありません。

黄銅鉱・黄鉄鉱

徳之島ではかって銅鉱山があり、そこで掘り出された岩石（ズリ）を捨てた所がありました。現在では草に覆われたり、取り除かれたりしていて見

ピンク色を帯びた石英

黄銅鉱　金と間違われやすい

黄鉄鉱

リョクレン石　枕状溶岩にへばりついている

炭酸カルシウムからできている方解石

つけるのは難しいです。銅鉱床があった場所の岩石の割れ目には、黄銅鉱や黄鉄鉱、硫砒（りゅうひ）鉄鉱ができていることがあります。また、針状になった沸石（ふっせき）という鉱物が入っていることもあります。いずれの鉱物も形がいびつであったり、小さかったりしてあまり良いものはありません。沸石は針状の小さなもので、ソーダ沸石と思われます。

黄銅鉱は銅と鉄、硫黄が結びついた鉱物（$CuFeS_2$）で、明るい黄金色をしていて金と間違われることがあります。四面体のきれいな結晶をしたものが多いですが、できるときの環境でいびつな形になったものもあります。徳之島では母岩の表面にへばりつくような産状が多いです。

黄鉄鉱は黄銅鉱とよく似て明るい黄金色をしています。このため黄銅鉱と同じように、金に間違われることがあります。鉄と硫黄が結びついた鉱物（FeS_2）で、きれいな六面体をしたもの、塊状のものなど形は様々です。

緑簾石（リョクレンセキ）

リョクレン石はウグイス色を帯びた鉱物で、大きな鉱物はスカルンと呼ばれる鉱床、広域変成岩に伴って産出することが多いです。ケイ素を主とする鉱物で、カルシウムや鉄、アルミニウムが入っています。色の濃淡は鉄の量で決まります。下久志や母間の枕状溶岩の表面に、へばりつくような状態で出ています。このためきれいな結晶は少ないですが、枕状溶岩の割れ目に少し大きなものがあります。

方解石

方解石は石灰岩と同じ炭酸カルシウム（$CaCO_3$）からできています。徳之島では白亜紀後半の地層中に脈状に入っているのと、石灰岩が再結晶してできたものがあります。大きなものは長さ50cm

くらいで、よく庭先に飾ってあるのを見かけます。畑を開墾したときなどに、石灰岩の割れ目から出てくることがあります。

砂 鉄 層

　徳之島の砂浜は真っ白で、海の青とよくとけ合い美しい景観をつくっています。この白い砂浜は主に有孔虫と呼ばれる原生動物の仲間、貝殻、サンゴの破片からできています。場所によってはウニの針、有孔虫の星砂が入っていますが、山地の地層をつくっている岩石が砕かれた泥や砂、礫はほとんど入っていません。

　ところが徳之島町山（さん）の海岸では砂の中に黒っぽいものが層をつくり、とくに川の近くでは何枚もの層になっていますが、こ

山（さん）の川や砂浜で見られる砂鉄層

の黒い層をつくっているのは磁石でくっつく砂鉄です。

　山の山手には花崗岩が風化したマサ土（図37）があり、硫黄鳥島からの火山灰も堆積しています。砂浜の砂鉄のもとになったのは、マサ土や火山灰中の鉄分です。

　花崗岩の中には石英などの鉱物の他に、磁鉄鉱と呼ばれる磁石にくっつく鉱物やチタン鉄鉱という鉱物が入っています。また、火山灰の中にも磁鉄鉱など鉄を含む鉱物が入っています。これらの鉄の鉱物を一般には砂鉄と呼んでいます。

　山地にある鉄の鉱物を含む土砂が洪水などで海岸に運ばれてくると、鉄を含む鉱物は重いので、水で流されるとき取り残されます。そうしてできた鉄の鉱物が層をつくり、砂浜に堆積していきます。これが砂鉄になります。

　昔は砂鉄を使って様々な道具をつくっていましたが、山では鍛冶や製鉄場所があったことを暗示する金山橋があり、また山の裾野には鉄の塊が落ちている場所がありますので、砂鉄を使って鍛冶や製鉄をしていたのかもしれません。

井之川岳の森

第2章　徳之島の植物

　本章では、山から海へと視線を移しながら徳之島の植物を見ていきましょう。

　まず、徳之島を代表的する山といえば、学校の遠足や元旦の初日の出などで親しまれている井之川岳、天城岳でしょう。剥岳（はげだけ）、丹発山（たんぱつやま）、犬田布岳（いぬたぶだけ）なども標高の高い山です。それぞれの山に特徴的な植物を紹介します。

1　井之川岳

　シダ植物では、ウラボシ科アマミアオネカズラが奄美大島と徳之島の固有種です。山林の樹の幹に着生する冬緑性（とうりょくせい）※1 のシダです。緑色の根茎は長く横に這い、晩秋に長楕円状の披針形（ひしんけい）※2 で長さ 15～25cm ほどの両面に短い軟毛をやや密につけた葉を伸ばします。胞子嚢（ほうしのう）※3 は葉の主脈近くについて金色に輝く美しいシダです。

※1 冬緑性：秋に葉を出して夏に枯れること
※2 披針形：笹の葉のように平たくて細長く、先のほうがとがり、基部のほうがやや広い形
※3 胞子嚢：コケ・シダなどの胞子を内部に包み込む袋状の生殖器

アマミアオネカズラ

トクノシマカンアオイ

コショウジョウバカマ

トクノシマエビネ

トクノシマテンナンショウ

オナガエビネ

　井之川山系と犬田布山系だけに分布している植物があります。それは、ウマノスズクサ科トクノシマカンアオイです。徳之島の固有種です。井之川岳の高い位置から伊仙町の小島近くまでと、天城町西阿木名から三京（みきょう）、美名田山（みなだやま）と中南部に広がって分布しています。「この紋所が目に入らぬか」の決めゼリフで有名な徳川の家紋は、日本本土に分布する同じカンアオイの仲間のフタバアオイの葉を模したものです。

　シュロソウ科コショウジョウバカマは、奄美大島が北限の熱帯性の植物です。沖縄島、石垣島、西表島、台湾にも生育している種です。直径 10 ㎝ほどのロゼッタ葉※4 を形成し、夏に花茎を伸ばし小さな白い花をつけます。

　奄美大島と徳之島両島の固有亜種であるサトイモ科のアマミテンナンショウは徳之島全体の山地に生育しています。同じ仲間のトクノシマテンナンショウは、井之川岳にだけ生育している徳之島の固有種です。地球上でわずかな面積でしか確認されていない植物です。数も少ないので盗掘による絶滅が危惧されている種です。

　ラン科では、エビネ属のレンギョウエビネ（3〜5 月に開花、奄美大島以南の熱帯に分布）、オナガエビネ（夏に開花、屋久島以南の東南アジアなどの熱帯に広く分布）、トクノシマエビネ（春先開花する徳之島固有種）、ツルラン（夏〜秋に開花、宮崎県、南西諸島、東南アジアの熱帯域に分布）などが春から秋にかけて花をつけます。秋から冬にはトクサラン（晩秋〜1 月に開花、種子島以南の南西諸島域、東南アジア、インドなどの熱帯に分布）、クニガミシュスラン（10〜12 月開花、徳之島、沖縄に分布）などの地性ランが開花します。

　ブドウ科アマミナツヅタは林内の樹木に這い上がったり、崖にへばりついたりしている植物です。奄美大島を北限と

リュウキュウミヤマシキミ

ヒメサザンカ

ミヤマシロバイ

オオシマムラサキの花

し、中国南部、インドネシア、マレーシアなどに分布しています。秋から冬に紅葉し岩肌を赤く染めます。

　高地に分布するバラ科アマミフユイチゴとオオアマミフユイチゴ（ホウロクイチゴ　×　アマミフユイチゴの自然雑種）は奄美大島と徳之島の固有種です。アマミフユイチゴは5月下旬から6月頃に白い花を咲かせます。

ホウロクイチゴ

　ミカン科リュウキュウミヤマシキミは奄美大島、徳之島、沖縄島、石垣島、西表島に分布します。高地に生育する常緑の低木で雌雄異株、春に白色の花を咲かせ、秋に真っ赤な果実が熟します。

　モッコク科マメヒサカキは、奄美大島、徳之島、沖縄島に分布するハマヒサカキの固有変種です。高地に生育し葉が非常に小さいので、ひと目で見分けることができます。

　ツバキ科ヒメサザンカが分布しています。以前まで沖永良部島が北限になっていましたが、井之川岳に生育していることが分かり、徳之島が北限となった種です。若い枝には毛があり、12〜2月頃に白い花を咲かせます。徳之島、沖永良部島、沖縄島、久米島、石垣島、西表島に分布します。

　ハイノキ科ミヤマシロバイは常緑高木で、2〜4月頃、前年伸びた枝にラッパ状の小さな半開の花を咲かせます。他のハイノキ科の植物に比べれば、花は非常に地味です。分布は、奄美大島、徳之島、沖縄島、台湾、中国南部にあり、南方系の植物であることが分かります。

　シソ科オオシマムラサキは、奄美大島と徳之島の固有種です。散在的な分布で数は多くはありません。淡紅色から白色の花をつけ、熟した果実は紫色です。紫は高貴な色とされ、古来、気品が高く神秘的な色として珍重されてきました。

　シソ科アマミタムラソウは、奄美大島と徳之島の固有種です。徳之島では標高の高い尾根道のやや湿った場所

アマミタムラソウ

オオシマガマズミ

イルカンダ

イワヒバ

タニムラアオイ

に自生していますが、奄美大島では海岸に近い場所にも生育しています。

　レンプクソウ科オオシマガマズミは、奄美大島と徳之島の固有種で高地に散在しています。春に花がさき、秋に実が赤く熟す美しい樹木です。

　マメ科のつる性植物で大木になるイルカンダは、奄美大島以南から東南アジアにかけて分布します。別名をウジルカンダと言いますが、これも沖縄方言です。3月から5月頃にかけて15〜30cmになる房状の花をツルから垂れ下がるようにたくさんつけます。美しく豪華な花をつけることから、シャンデリアのようだと言われる植物です。ところで植物名のイルは色、カンダはカズラのことで、ウジルは三味線の太い弦を意味します。

2　天城岳

　次に天城岳の植物を見てみましょう。

　イワヒバ科イワヒバは岩の上に生え、枝や葉が桧葉に似ていることから名付けられました。国内全土に分布し、東南アジアでは高山域に分布しています。奄美群島では珍しいシダで奄美大島と徳之島の一部の険しい岩場に分布するだけです。日本では古典園芸植物の一つとして多くの園芸品種が伝えられてきました。

　ウマノスズクサ科タニムラアオイは、徳之島の固有種です。花弁のように見える萼片（がくへん）は白く、きれいな花をつけるカンアオイの一つです。天城岳を中心に周囲の山系に点在しますが、離れた石灰岩地にも大きな群落があり、不思議な分布の仕方です。花は2〜3月に咲きます。

　この地域には同じ仲間のハツシマカンアオイが徳之島町轟木の後背の山地から三方通岳、天城岳、寝姿山、下がってムシロ瀬周辺の標高40〜50m位の所まで分布を広げていました。前述したトクノシマカンアオイと生息域が重なることはないようです。ハツシマカンアオイも徳之島の固有種です。淡褐色の花の萼筒（がくとう）※5は長い筒状で、萼筒を支えている花柄も長いという、他のカン

61　　　　　　　　　　　　　　　　　　　　　　　　※5　萼筒：花のガクの部分にある筒状のもの

ハツシマカンアオイ

オオバカンアオイ

ウケユリ

イスノキ

アオイには見られない特徴的な花です。

　オオバカンアオイも分布しています。これは、奄美大島と徳之島両島の固有種になります。前記の3種のカンアオイ類は小型でしたが、オオバカンアオイは名前のとおり大型になります。葉は広卵形〜卵形で質が厚く表面は光沢があり暗緑色で、中央脈に毛があるので見分けられます。開花は早く11月中旬から咲き始めます。緑紫色〜暗紫色の花は、よく地際を見ないと花が咲いていることに気付かないほどの地味な色合いの花です。奄美大島では中北部に広く分布していますが、徳之島ではごく狭い範囲でしか見ることができません。

　ユリ科ウケユリが天城岳にあると聞いたのは昭和50年代でしたが、平成に入ってから興味を持つ研究者も増えて詳しい情報が入るようになりました。ウケユリは請島に自生していることが知られていましたが、その後に加計呂麻島や奄美大島の瀬戸内町、宇検村、大和村、住用町などで発見され、ついで徳之島で発見されました。奄美・徳之島の固有種です。花は、5月下旬から6月が最盛期で、純白の上品な美しさと香りがあります。

　カヤツリグサ科トクノシマスゲは徳之島固有種と考えられてきましたが、現在はナガボスゲにまとめられると発表されました。天城岳に分布している種で、徳之島が北限のスゲになりました。沖永良部島、沖縄県内に分布します。

トクノシマスゲ

3　その他の北部山域

　徳之島の山域には多くの植物が自生しています。一部を紹介しましょう。

　マンサク科イスノキは、方言名でユシャー、ユシーなどと呼ばれています。硬い木で建築材として床の間などに使われました。固くて釘を打つのが容易でないことから大工泣かせと呼ばれていました。柑橘類の栽培が始まっ

ハドノキ

ヤマモモ

ヤマヒハツ

モクタチバナの実

たころに、暴風垣として果樹園の周りに植えられたこと
もありました。

　イラクサ科ハドノキは役に立つような木ではないと
思われるのですが、戦後に見聞きした話があります。そ
のころ、農家では牛馬を1〜2頭飼育していました。現
在であれば、畑に牧草を栽培し餌は十分に確保できます
が、当時は、野山で餌を刈ってこなければなりませんで
した。正月になれば、若い青年は牛どころじゃなく遊び
たいことから、このハドノキの枝葉を切り取り、餌を確
保したそうです。

　ヤマモモ科ヤマモモは、関東から台湾、中国南部、ア
ジア南部まで広く分布する植物です。雌雄異株で早春に
花が咲き、5〜6月頃果実が熟します。現在のように、甘
い果物がなかった頃には山で食べるヤマモモは最高の
果物の一つでした。最近では、庭園樹や街路樹にも用い
られています。樹皮は「楊梅皮」という生薬名で漢方処
方されます。

　ミカンソウ科ヤマヒハツは、花期は春で、秋には実が
熟します。最近は見向きもしないだろうし、見ても分か
らないでしょう。昔の子どもたちは、これを見つけて唇
が染まる程に食べたものです。方言名は、ミタシブ、ム
タシブなどと呼んでいました。

　サクラソウ科モクタチバナはアクチ、アクーチィ、ア
クチヰなどと呼ばれています。琉球列島では森林の構成
種として普通に見られ、庭木にも使用されます。花期は
5〜7月の梅雨の頃です。果実は球形で黒紫色に熟しま
す。子どもたちはこの実を竹で作った鉄砲の弾にして遊
んでいました。

　屋敷や果樹園の生垣などとして利用されていますが、
古い時代には焼いて灰をとり焼き物に使用したことが
「南島雑話」に記録されています。ある資料では、沖縄
で生木を焼いた灰が藍染の添加剤として重宝されたこ
とが出ていました。熟した果実を子どもたちが食べたと
もいい、飢饉に際しては果実を集め、餅のように突き砕
き食料としたことなどが記載されています。真っ直ぐな

モロコシソウ

ヤブツバキ

エゴノキ

タイワンヤマツツジ

材を荒削りし泥につけて置いたものに、下駄状の足場板を打ち込んで祖父が作ってくれたネヰタバ（竹馬）に乗って遊び、片足ケンケンやいろいろな技を競ったりして遊んだ記憶があります。

サクラソウ科モロコシソウはカバクサと呼ばれます。自生種でありながら昔の人が中国から渡来したと勘違いし、「唐土草」と名付けられたと言われています。草丈は 20〜80 ㎝で上部の葉腋ごとに黄色の花を下向きにつけます。昔は全草を干して乾燥させ、衣類の臭い消しや防虫剤として使われていました。クバ笠などに入れ、農作業時の汗などの臭い消しなどにしたと聞きます。

ツバキ科ヤブツバキはツバキ、チヰバクヰ、グウヰ、カタシギヰ、果実はカタシヰと呼ばれています。常緑の小高木で、花は冬から早春にかけて咲きます。花弁は 5枚あり、基部が合着しているから花弁は散らずにそのままの形で落ちます。ヤブツバキの果実は直径 4〜5 ㎝と大きく、果皮は厚く、熟すと 3 つに裂開し中から大きな種子が見えてきます。種子からは椿油が取れます。椿油は、整髪用、薬用、食用、灯油用、錆止め、木製品の艶出しなどに使用されていました。戦前、祖父がテヰール（背負い籠）いっぱいのカタシヰを採取してきて、自作の圧搾機で搾り取っていたのを思い出します。

エゴノキ科エゴノキはシャマギ、サーマグヰ、シャーマグヰ、スサーマー、シラマギ、スヰラマギなどと呼ばれます。寒い時期に白い花を下向きに多数つけます。果実は長さ 2 ㎝ くらいの楕円形で、大きい種子を 1 個つけています。果皮に有毒のエゴサポニンを含んでいますが 11 月を過ぎると毒性が急激に減少するらしく、毒が減少しないうちに魚毒として使ったという話を聞いたことがあります。

正月前に山から生木を持ち帰り（他の木より軽い）、2尺 5 寸（約 75 ㎝）くらいに切ってから斧で細かく割り、井の字型に積み重ねて 1 カ月の薪材とした思い出があります。材の良いものは床柱にもしたようです。

ツツジ科タイワンヤマツツジはツツジ、チチジなどと

サクラツツジ

シマミサオノキ

リュウキュウハナイカダ

呼ばれています。これを掘り取り庭園樹にしたり業者に大量に売り出していた時代があります。大きな株はほとんどなくなり、今では小さな株が散在している状態です。

　松原上区の上の里山のような場所は「チチジントウ」と称されるほどタイワンヤマツツジの多い所でした。戦時中、そこへ米軍の爆弾攻撃があり蜂の巣のような状態だったと言います。軍はもちろんですが、近くを通った民間人が3名犠牲になった場所です。

　ツツジ科サクラツツジはヤマジャクラ、ノジャクラ、コザクラ、ナラクラ、ヌーガタシなどと呼ばれています。深い山では3〜5mほどの高さになり、自然の彫刻を施したような形の大きい木を見かけます。昔の人は床柱にしたと聞きます。寒い時期に直径4〜5cmほどの白〜桃紅色（さくら色）の花をつけることから和名になっています。庭園樹や盆栽に利用されています。

　アカネ科シマミサオノキはカナチャ、ウンシブなどと呼ばれます。細長く密で硬く弾力性が強い樹木です。この性質を利用し、茅葺の茅を抑える材料として使用されてきました。猪を捕獲する罠もこの木を使用していました。沖縄では、杭材、把柄材、茅屋根の垂木、枕木、造船材、建築材、狩猟用の弾み木、漁具、魔除け、祭祀用と色々な使い方あったようで、おきなわ郷土村おもろ植物園の資料がありました。琉球に浄土宗をもたらした袋中上人が『琉球神道記』の中で、「琉球開闢の神アマミキヨ、シネリキヨが初めての國づくりの時にダシチャ（シマミサオノキ）を植えて山をつくった」と記されています。

　ハナイカダ科リュウキュウハナイカダは方言でヤマデー、シッポウギィ、ヤマガラジン、ヤマデークなどと呼ばれます。花は葉腋（ようえき）で咲くのが普通ですが、この植物は変わり者で、一枚の葉の主脈上に咲くのです。雌株は葉の主脈上に2〜3個、雄株は葉の主脈上に10個ほどの花を付けます。葉の上に花が咲いている様子を筏に見立てたことが和名の由来で、奄美群島と沖縄諸島のものは固有亜種となっています。戦前には、祖父が正月

　ギンリョウソウ

リュウキュウアイ

用の箸を作ってくれたことがありました。

　ツツジ科のギンリョウソウは植物なのに白色で菌類のキノコのような形状をしています。これはギンリョウソウの花にあたり、普段は根のみのためその姿を見ることはできません。木洩れ日が差すような樹林の腐植土に咲き、ユウレイタケの別名があります。徳之島での開花時期は2〜4月頃で、高さは10〜15㎝ほどになります。日本中で見られ、南西諸島では奄美大島、徳之島、沖縄島、久米島、渡嘉敷島で確認されています。

　キツネノマゴ科のリュウキュウアイは50〜80㎝の多年草で葉の周囲はノコギリ状になっています。戦前は、轟木などを中心にこの茎葉を発酵させて石灰で沈殿させたものを藍玉（あいだま）にして盛んに作られていました。日本で古くから作られていた藍はタデ科の植物で別種です。他にマメ科の植物から作られるインド藍があります。茎葉に、解毒、排膿作用があることから皮膚病などに用いられます。

ニッケイ

オオシロショウジョウバカマ

4　丹発山、剥岳、三京山、犬田布岳など

　クスノキ科ニッケイは方言ではカラークヰ、ニクヰ、ニッキなどと呼ばれます。江戸時代中期に中国から持ち込まれた桂皮の有用性が国内で認識され、各地でニッケイの栽培が始まったようです。その後、沖縄北部と徳之島などに自生する野生種と中国由来の物は同一種だと判明しました。徳之島の自生地は、犬田布岳、義名山（ぎなやま）、丹発山、天城岳です。

　ニッケイ（肉桂）は、常緑高木で高さ10ｍほどになります。葉は革質で厚みがあり、表面は光沢があります。江戸時代からを医薬品として「生薬名：桂皮…ニッケイの根の皮を加工した根皮の製品」として取り扱われていました。時代が進むにつれ需要が減りましたが、ニッキ飴、和菓子、煎餅などにも使用されています。戦前の人たちは、ニッケイを山で見つけたらひと枝を持ち帰り、子どもたちに与えて喜ばれていました。一枚の葉を噛み砕き「辛味」を味わっていました。後にニッキ飴をお土産にもらい、舐めた味が似ていたので、カラークヰを利用した飴だと分かりました。

　クスノキ科キンショクダモは方言名が見出せないので、あまり利用されていなかったのかもしれません。キンショ

オオカナメモチ

オキナワスズムシソウ

タイワンショウキラン

クダモの分布は奄美群島では、徳之島だけです。高さ 10〜15m ほど、常緑高木で、幹は直立し、若枝に黄褐色の絹毛があります。群落をなしている場所では、風に吹かれた葉が裏返って一斉に金色が広がる情景を見ることがあります。

　シュロソウ科オオシロショウジョウバカマは昭和50 年代に調査に入った時に発見し、植物目録に記載された種類です。名前は知らなくても、三京集落の人々は見ていたのかも知れないですね。民謡、朝花に「三京山サクなんや、千年から咲ち…」などと歌われていることから、このオオシロショウジョウバカマであったならと想像しています。花は 12〜2 月頃です。徳之島が北限の種です。

　オオカナメモチはバラ科の常緑高木種で、国外では中国、東南アジアなどに分布していて、国内では奄美大島、徳之島、西表島の一部で確認されています。葉の長さは 10〜20cm になり、4 月の終わり頃から 6 月に白い花を咲かせ、秋には 6mm ほどの果実を総状に付けます。花は可愛らしいですが香りはよくありません。漢方薬で神経性疼痛やリウマチ痛などに用いられています。

　前述のリュウキュウアイと同じキツネノマゴ科のオキナワスズムシソウは、日本固有の植物でタシロアイの別名があり、喜界島・徳之島・沖永良部島・伊平屋島・沖縄島・久米島で自生が確認されています。多年草で、山地の林の中で 1〜3 月頃の寒い時期に 3cmほどの淡い紫色か白色の花を咲かせます。

　昭和 40 年代に犬田布岳山麓で採集したランは、鹿児島大学の初島住彦教授に同定してもらった結果、エンレイショウキランとのことでしたが、ラッキョウを巨大にしたような偽球茎の脇から花茎を伸ばし、3〜5 個着いた白い花の花冠は筒状で基部が黄色で、先端が紅紫色であることからタイワンショウキランであることが分かりました。花期は 4〜5 月です。徳之島や奄美大島ではエンレイショウキランの報告はありますが、花を見たという人は少ないようです。

　ラン科の植物をいくつか紹介しましょう。

レンギョウエビネ

カンラン

ナゴラン

キンギンソウ

　レンギョウエビネは草丈 40〜60cm ほどの常緑地生ランで花は新しい偽球茎の側方から直立し、高さ35〜45cmに伸び黄色で下向きの花を25〜30個付けます。

　カンランは東洋蘭として栽培され、野生個体はほとんど見られないほど減少しています。葉は細く、上に向かって伸び、緩やかに曲がって、先端部はほぼ横向きになります。花は10〜1月頃に咲くので寒蘭と呼ばれます。これからは、自生種には手を触れず島の宝として残したいものです。

　フウランやナゴランは樹幹や岩などに着生する着生ランです。花が美しく香りも良いことから古い時代から栽培されています。徳之島では個体数も多くなじみ深いランですが、松くい虫による松枯れで着生木のリュウキュウマツとともに激減しています。今や、徳之島以外の島では超がつくほどの希少種ですから大切に見守りましょう。

　屋久島以南に分布するラン科のキンギンソウは、後述する同じラン科のナンバンキンギンソウとはあまり似ていません。また花の咲く時期も違って4月前後になります。名前の由来は白い花と黄色になる花が混じった姿を「金銀」にたとえたそうです。

　つる性植物で観賞用として人気があるキョウチクトウ科のサクラランは、葉が似ていることからランという名前がついていますが旧ガガイモ科の植物で九州以南に自生しています。香りもよく桜のような 12、3 mmの白い花が球状にかたまって目を引きます。花は厚みと光沢があり飴細工のようです。開花時期は4月以降の日差しの強い季節になります。

　人々の生活に欠かせない植物を紹介します。

　バラ科シャリンバイはテヰーチヰギヰ、テヰチヰギヰ、テヰハーチヰ、テヰハチ、テヤーチ、テアッチなどと呼ばれます。木を細かく切り、煮出した液を大島紬の染料に用います。また、庭木や生垣に植栽されます。また材は堅いことから槌などに、さらに薬用として使用されます。「南島雑話」には飢饉の際に果実を食糧にした

サクララン

シャリンバイ

ツルグミ

ことが記載されています。

　グミ科ツルグミはクイ、クヰ、クビグウヰ、グヲヰギ、クオヰ、クビィ、クビなどと呼ばれます。海岸林や山地の林縁などの樹木などにもたれかかるようにして伸びるつる性の植物です。葉の表面の星状毛（せいじょうもう）※6は早く脱落するので、表からはグミ特有の星状毛が見られないことがあります。

　奄美群島ではツルグミにまつわる話が言い伝えられています。万能薬の薬効としては雌木の方の効き目が高いと言われています。ところが、ツルグミは両性花で一つの花に雌しべと雄しべを持っているので、雄木と雌木に分かれることはないのです。12〜1月頃花が咲くので観察してみましょう。幹を削り煎じて飲む方法が多いようですが、葉を乾燥させて利用するところもあります。果実は生食、ジャムや果実酒に利用されます。

　ブナ科オキナワウラジロガシはカージヰグヰ、マガシィ、アーカージギ、カシ、ハーカージギ、アカガシ、アーガシヰ、フーガシなどと呼ばれています。樹高が約20m、幹の直径1mほどになり、発達した板根は1m以上の高さで象の耳のような感じがします。葉の表面は艶やかな濃緑色で、裏面は白っぽく、縁は目立って波打ち、前半部に弱い鋸歯があります。花は1〜3月に開花し、翌年の秋に果実が熟します。果実は直径2.5〜4㎝ほどで、日本最大のドングリです。丹発山周辺、三京、当部等に大きな群落があり、天城岳や井之川岳、犬田布岳などにも分布しています。有用樹種として古くから知られ、材は建築材、古い時代のサトウキビ圧搾機の台、農機具、薪炭等に利用されてきました。

　ブナ科アマミアラカシはフーカシ、フカシィ、カージギ、コヤンギ、シルカーシギィ、カージグヰ、クグワシギ、カジギなどと呼ばれます。他のカシ類に比べ、海岸林から山地まで生育する常緑高木で、高さ15m以上になります。本州のアラカシに比べて葉が細長いことが特徴です。集落近くで里山的な所に生育している

69　　　オキナワウラジロガシ

※6　星状毛：星の形をした植物に生える小さな毛のこと

アマミアラカシ

ギョボク

イジュ

シマサルナシ

ことから、建築材、農作業用具、砂糖樽のクリギ材、薪炭等に利用されてきました。

　フウチョウボク科ギョボクにはノーマキという方言名が徳和瀬にあります。熱帯性の落葉小高木で、枝先につける総状花序の花は雄ずいと雌ずいが長く目を引きます。ツバベニチョウは、この木の葉を食草として発生します。材は柔らかく軽いので細工に適していて、「魚木」の名は釣りの疑似餌に利用したことによります。別名はアマキ。

　ツバキ科イジュはイジュウ、イジュー、イジュなどと呼ばれます。高木で、高さ20ｍ、直径50～1ｍに達します。白色または淡紅色の花は低地では4月から開き、段々と高い山地になるにつれ時期が遅れてきます。三京周辺はイジュの大木が多いところです。戦後、通学する道路の橋が壊れたときに、集落の若い人たちを中心に現地に歩いて行き、大木を1日がかりで引っ張ってきて、橋桁にしたことを思い出します。奄美群島では、大木を高倉の柱に使用しています。樹皮は打ち砕いて海で魚を獲る魚毒として使用したと聞きます。

　マタタビ科シマサルナシ（ナシカズラ）はクガ、クガー、クガギィなどと呼ばれます。大型のつる植物で、枝は赤褐色で長く伸びます。果実は、3～4cmの広楕円形の液果で秋に緑褐色に熟します。現在のように店に色々な果物がなかった時代には重宝がられた果実です。少し早めで良い時期に取れなかった時は、米糠の中に入れて熟すのを待ったものでした。今の「キウイフルーツ」の味より良いように思います。

　本土では、シマサルナシを品種改良して栽培しているところもあります。キウイフルーツの栽培も盛んになってきました。キウイフルーツは、シナサルナシ（中国原産）がニュージーランドで改良されたものです。果実の形がキウイ（鳥）の形に似ていることから命名されたといいます。この中国のシナサルナシとシマサルナシは同じ属です。

　キョウチクトウ科リュウキュウテイカカズラはジ

リュウキュウテイカカズラ

リュウキュウタラノキ(ウラジロメダラ)

フカノキ

ユズリハ

ィヴェ、クロミカンダ、マサキカンジャなどと呼ばれます。常緑のつる性木本です。このつるは木によじ登っている時は枝が多く出るのですが、ジメジメした地面を這っている時は枝が出ず真っ直ぐなつるが出ます。それを加工して結束用の紐にしました。特にティール(背負い籠)やザルなどの底、縁の補強などに使いました。

ウコギ科リュウキュウタラノキ(ウラジロメダラ)は、ダラグヰ、ダラギ、タラグヰ、タラギィ、ダラギィなどと呼ばれます。落葉樹で、3〜7mほどの大きさになります。林縁や伐採地のあとなどに生育します。直立し刺を持つ幹の先に長さ約1mほどの刺のある大きな羽状複葉(うじょうふくよう)※7をつけます。花期は7〜8月で、果実は黒く熟します。新芽は、食用にしますが苦味があります。樹皮を民間薬として利用しています。

ウコギ科フカノキはアサグロ、アサグル、アサグールなどと呼ばれます。高さ5〜10mほどになります。材が柔らかく加工しやすいので、昔は下駄や砂糖樽のクリギにしたり、葉は緑肥にしたりしました。

5 植物と生活

井之川岳にはユズリハ科のユズリハが点在しています。奄美から沖縄では徳之島だけの分布ですが、本州、四国、九州、屋久島、南は台湾、中国南部に分布しています。日本本土では、正月飾りに使われる植物です。ユズリハは春になり新しい葉が生まれ成長していくと、古い葉が役目を譲るように落ちていく様子から「譲葉」となったと言われています。その様子を家が代々と続いていくことに例え、古くから子孫繁栄を願うおめでたい木とされ、正月飾りに使われています。奄美群島では、この木が近くにないことから、里山に多いヒメユズリハを門松に使っているのです。

正月の門松に関係のある植物としては、他にホテイチク、リュウキュウマツ、オキナワジイなどがあります。古くは、木のこずえに神が宿ると考えられていたことから、門松は年神を家に迎え入れるための依代(よりしろ)と言う意味合いがあります。「松は千歳を契り竹は万年契る」

※7 羽状複葉:小さな葉が小枝の左右に鳥の羽のように並んだもの。タラノキの一番先頭は1枚になっている

71

ホテイチク

オキナワジイの花

リュウキュウマツ

と言われ、松と竹で神の依代の永遠を願うと言います。年神はこの門松を目印に降臨すると考えてきました。琉球列島の松と言えばリュウキュウマツしかありません。

　竹は、何種類かある中からホテイチクを選んで飾りました。竹は寒い冬でも葉を落とさず青々とし、そのうえ強風や嵐の中でも折れないことや、曲がらずに真っ直ぐに成長する姿から、「誠実な心」や「強い志」などの象徴です。オキナワジイを飾ることについては、常緑樹であること以外の情報が見つかりませんでした。食べ物がなかった時代、椎の実（方言でシィノミ）は重要な食料としても扱われたことによるものかも知れません。

　ブナ科オキナワジイ（方言でシィギィ、シマシィギィ）は、今までイタジイまたはスダジイと呼ばれていた椎の木です。奄美以南、沖縄諸島、八重山諸島産の亜種をオキナワジイと呼びます。常緑高木で、春に樹冠がブロッコリーのように見えて観光客などが感激したという話などがあります。本土と比べれば春が早く、花は2〜3月開花し、椎の実は翌年の秋に熟します。昔は椎の実拾いし、食糧の補助やお菓子の材料にしました。材をこれほど多く用いられた植物はないでしょう。建築材、器具材、薪炭材、土木用材、椎茸榾木、柴垣など、樹皮に含まれるタンニンを染料に用いる地域もあります。

　マツ科リュウキュウマツ（方言でマーツォ、マーチォなど）は琉球列島の固有種です。リュウキュウマツは、海岸に近いところに多く、内陸の山林に造林したこともありましたが結果は良くありませんでした。徳之島小唄で「木霊返して倒れる松は伸びる日本の枕木よ」と歌われたように、鉄道の枕木として売られていったのです。また、名木として残って景観を保っていた松にとって、平成25年頃からの松食い虫による被害は大きいものでした。建築材、農機具、家庭器具、照明用（アーシガブを削り松明として）、松ヤニ採取、薪炭、盆栽、薬用などに広く利用されてきました。

ダイダイ

ウラジロ

ツワブキ

イネ科ホテイチク（方言でガラー）は、中国から徳之島に持ち込まれたはずですが記録が見つかりません。明治以前には植栽されているのではと推測しています。建築用材、竹細工の材料、野菜の支柱、垣根の材料、筍など、使い道の多い竹です。

ミカン科ダイダイ（方言でデーデエなど）は、正月の飾りや鏡餅に載せるのでよく知られています。一つの株に数年代の果実が着いている特徴から「代々栄える」の意味で「ダイダイ」と呼ばれるようになったとされています。原産地は、インド、ヒマラヤで、時期は定かでありませんが、中国を経由し渡来したということです。戦前には各集落の 3〜4 軒で育てられていたという記憶があります。酢の代わりや、薬用として風邪の処方に乾かした皮と生姜に黒砂糖を煎じて飲ませていました。

ウラジロ科ウラジロは、ダイダイの下に敷くか垂れ下げられています。「葉がしだれる」のでシダと呼ばれることを「歯垂（しで）る」にあて、さらに「齢垂る」に掛けて長寿の意味をもたせ、正月のしめ飾りに用いられてきました。また、裏が白いことから、「心の潔白さ」と「白髪になるまで長生きする」ということも表すとも言います。左右に 2 枚の葉が広がることから「夫婦円満」の象徴とも。昔、鬼に追われたときにウラジロがたくさん生えているところに隠れて命が助かったという故事があり、縁起の良い植物とされてきたようです。

キク科ツワブキ（方言名ツワ、フーキィ、ウムイガサ、カサ、チバー、チバハ、チィバシャ、チバハガーサ、ツバー、ツバグワ、ツワガシャ）は常緑多年草で、海岸近くから山地まで広い範囲に生息します。草丈は、30〜75cm ほどで、土の下に短い茎があり、地上に葉柄が伸び、葉は円形に近い腎臓形です。表面につやがあることから、ツヤフキからツワブキになったようです。花期は、10〜12 月、葉の間を抜けて高さ 30〜75cm ほどの花茎を出し、直径 5cm 前後のキクに似た黄色い花をまとめて咲かせます。

徳之島では、12 月に若い葉柄を採り、皮を剥ぎ茹でてよく水にさらし苦味をとって、大晦日に、豚

オオアマミテンナンショウ

ナナバケシダ

コモチナナバケシダ

ムシャシダ

骨や肉などと一緒にツワブキを入れて調理し、年越しに家族で食べるのが慣しでした。薬用としても使われています。昔は、緑肥として田んぼに入れたとか、乾かしてトイレットペーパー替わりにしたという話も聞きます。

6 琉球石灰岩域の植物

明眼の森と義名山の特別な植物

　明眼の森は犬田布集落近くで、周囲はサトウキビ畑に囲まれた特殊な地域です。隆起サンゴ礁上に形成された森林です。山あり谷あり、洞窟ありで、固有種や北限種が多い場所です。義名山は伊仙集落の石灰岩の丘陵地にあり、こちらも山あり谷あり、洞窟ありで、固有種や北限種が多い場所です。特にシダ類は石灰岩地に偏って自生する種類が多いようです。このほかにも、徳之島南部には琉球石灰岩の台地に削りこまれた谷が数多くあります。谷底は湿度が高く、独特な生物環境を作り出しています。

　サトイモ科オオアマミテンナンショウは徳之島固有亜種です。犬田布地域から小島集落周辺、離れて天城町に分布しています。標高の高い場所に分布するアマミテンナンショウとは、分布が重なることはないようです。花柄は葉柄と長さが同じか短く、アマミテンナンショウのように花が完全に葉の上に位置することはないようです。花を包む仏炎苞（ぶつえんほう）※8は葉に遅れて開き、緑色で白い縦筋がでます。

　ナナバケシダ科ナナバケシダは南方系の種です。「七化け」の由来は、葉の形が様々でいろいろな形があることから名付けられました。徳之島では琉球石灰岩の複雑な地形の谷で見かけます。褐色で光沢がある葉の柄の部分は長さ20～50cmになります。側羽片（そくうへん）※9は2～6対、葉は25cmほどで形は平らかで

※8 仏炎苞：仏像の背景にある炎をかたどる飾りに似ていることに由来します。サトイモ科などの花は太い花軸の表面に、たくさんの小さな花が密集していますが、これを包む袋状のもののことです。

※9 側羽片：側羽片とはシダ類の深い切れ込みのある一対の葉をさします。

タイワンアマクサシダ

トウツルモドキ

アコウネッタイラン

細長く、先の方が尖り、元の方がやや広くなっています。葉の長さ全体では50cmに達します。

　コモチナナバケシダは徳之島以南に分布する南方系のシダです。ナナバケシダに似ていますが、羽片の基部に無性芽（むせいが）※10をつけるのでコモチナナバケシダと名付けられました。胞子をため込んでおく胞子嚢（ほうしのう）の集まりは小脈の先端に発生するか網目状になった葉脈に着き、葉の裏一面にできます。

　メシダ科ムシャシダは2018年1月に徳之島の琉球石灰岩の谷筋で発見されました。台湾、中国南部、ベトナム、ミャンマーに分布するシダで、国内では初記録でした。根茎（こんけい）※11はまっすぐで、茎から伸びる柄は長さ約40cm、葉の部分は長さ60cm、幅45cmほどあります。この大きな葉を上向きに伸ばしていて存在感があるシダです。1つの茎に6対前後の側羽片（そくうへん）を持ち、上部20cmほどは頂羽片（ちょううへん）※12状になります。側羽片の最大のものでは長さ25cm、幅6cm、長いもので1cm程度の柄を持つといういかにも南方系の種らしい大型シダです。

　イノモトソウ科タイワンアマクサシダも石灰岩地帯に群生します。国内では徳之島だけで、台湾から沖縄を飛び越えて徳之島に分布する不思議なシダです。常緑生で、赤褐色で光沢がある葉の柄の部分は長さ50〜70cm、葉の部分は2回羽状複葉※13気味で、長さが60〜100cmの大型のシダです。石灰岩の断崖に少し下向きに風にそよぐ姿はほれぼれとさせられます。

　トウツルモドキ科トウツルモドキは宝島、徳之島、与論島、沖縄以南の南西諸島、魚釣島、台湾、中国南部からアジア南部、ポリネシアに分布します。長さ5〜15mに達する常緑のつる性植物で茎は緑色の竹状で径5〜10mmほどです。長さ15〜25cmの葉の先は巻きひげになり、周りのものに絡みつき、森の空間を覆うほどになることもあります。トウツルは籐蔓、すなわちラタン（ヤ

※10　無性芽：胞子を飛ばすのではなく、自分のクローンを作って増殖するための芽のことです。
※11　根茎：シダの茎はほとんどが地下茎で茎とも根とも区別がつかないため根茎といいます。
※12　頂羽片：茎の先にもシダ状の葉が1枚付いたものです。
※13　2回羽状複葉：葉の中軸から出る羽軸に小羽片が付いている形態

ナンバンキンギンソウ

アキザキナギラン

リュウキュウマメガキ

シ科）の蔓に似ているということです。ラタンの葉のようにトゲの生えた葉縁や逆毛の生えた蔓を備えているわけではありませんが、森で行く手を阻（はば）まれると厄介な植物です。

　ラン科アコウネッタイランは徳之島、沖縄島、石垣島、西表島、台湾、フィリピンに分布します。草丈15〜30cm、硬くて細い茎に硬い脈が隆起した暗緑色の葉を2〜3枚つけます。8〜9月に花茎（かけい）を出し、茎の先に白い花を10〜20個つけます。

　ラン科ナンバンキンギンソウは徳之島が北限のランです。琉球石灰岩の谷間で一面に繁茂しているのをよく見かけます。茎は這うように成長し、先は草丈20〜50cmに直立します。葉脈の部分は濃緑色で、網目状の斑紋が入っているように見えます。花期は7〜8月頃で、先端の部分に多数のやや赤みを帯びた淡褐色の花を房状に密につけます。

　徳之島のアキザキナギランは全体に大きく、花期は12〜2月と遅く、花数も多いなどの違いでオオナギランと呼ばれることもあります。養分を貯蔵する役目を持つ肥大した茎はまっすぐで、高さは20cmをはるかに超えることもあり、葉は長い披針形で30cm以上にもなります。ただし、ナギランを世界的な分布域（日本、台湾、中国南部からインド、ジャワに分布）から見ると変異の幅がかなりあって、これぐらいの変異差ではアキザキナギランを独立種ではなくナギランと同種とするという意見も強いようです。

　カキノキ科リュウキュウガキは徳之島以南の南西諸島から台湾、中国、マレーシア、ミクロネシア、オーストラリアに分布します。徳之島では石灰岩地帯の森に自生しています。常緑の中高木、樹皮は黒褐色、葉は革質で両面とも無毛で上面は光沢があります。5〜6月に花が咲き、果実は径2〜3cmで秋に黄色く熟します。ナフトキノンという魚毒に使われる成分を含んでいます。

　リュウキュウガキに似たリュウキュウマメガキは、石灰岩地帯の森に限らず関東以西の山林に分布します。高さ10mほどになる高木で果実は径2cmほどで秋になると黄褐色に熟しますが、タンニンが多くそ

ミズオオバコ

ヒメスイカズラ

カントラノオ（ハマトラノオ）

のままでは渋くて食べられません。樹皮は縦に浅く細かく裂けています。

7 湿地の植物

　徳之島の水田のほとんどは消滅してしまいました。水田や水路に自生していた植物も確認が難しくなっています。

　ホシクサ科スイシャホシクサは徳之島以南の湿地に生える一年草です。茎はごく短く、葉は線形から線状の披針形（ひしんけい）で長さ2〜7cm、幅3〜5cm、ロゼット状に広がります。花は密集した塔状で多数の花茎を出します。水田がなくなり最近は見たことがありません。絶滅が危惧されますが、どこかの湿地にひっそりと生えているかもしれません。

　カヤツリグサ科シチトウイは九州南部から琉球列島、台湾、中国南部からアジア南部に分布します。昭和30年から40年代には畳表に使用していたようです。

　トチカガミ科ミズオオバコはため池などに散見されます。披針形から円心形の葉を円形に平たく水中に展開し、夏期に白色から薄いピンクの縁取りのある花を付けます。水田、水路の消失のうえにホテイアオイなどの外来種にも追われ、確認しにくくなっています。

8 海辺の植物

　スイカズラ科ヒメスイカズラは徳之島以南の南西諸島に分布するスイカズラの亜種で、環境省のレッドリストで絶滅の危険性が指摘され、徳之島三町の条例で採掘を禁止しています。海岸や石灰岩地域の崖や岩上に生育します。小枝を多数分岐し、長さ1〜2mほどのヤブ状になります。5〜8月頃、茎頂の葉腋に白い花をつけますが白い花は後に黄色に変色します。

　オオバコ科カントラノオ（ハマトラノオ）は男女群島、甑島列島、黒島、臥蛇島、奄美大島、徳之島、座間味島に分布する

オキナワチドリ

ホウザンツヅラフジ

モンパノキ

オキナワギク

日本固有種です。徳之島ではインノジョウフタの群落が有名です。葉は対をなしていて多肉質で光沢があります。花穂の長さは10cmほどで青紫色をしています。総状花序を「虎の尾」に見立てて名付けられました。花期は7〜10月頃までと長く、花は先端部分全体に密生し、青紫色の房状の花がタワー状に咲く姿は見応えがあります。

　ラン科のオキナワチドリは冬に小さな葉を広げ、2月から3月にコウライシバの草原や石灰岩の上に薄い赤紫色の花を付ける小さなランです。色や姿が美しいことから採取されやすく環境省のレッドリストで絶滅の危険が増大している種に指定されています。

　ツヅラフジ科のホウザンツヅラフジは、台湾から沖縄諸島を飛び越えて国内では徳之島だけに分布します。茎に毛のあるつる植物で、長楕円形から広い披針形で両翼のある葉が互い違いにつきます。寒い時期から夏まで花期は長く、白色から緑白色の小さな花をつけます。果実は藍黒色に熟します。日本全土に分布するアオツヅラフジの近縁種で、葉に切れ込みがないことと葉の縁が無毛であることなどが相違点とされています。海を見渡せるような土手や草地に点在します。

　ムラサキ科モンパノキは種子島以南、小笠原、台湾、中国南部、旧熱帯に広く分布しています。海岸砂浜に生育する常緑の小高木で3〜10m、径30cmに達することもあります。葉は上が太く下の方が細くなった形で、大きく、枝先に集まり互生します。多肉質で表裏ともに細かい毛を密生しビロードのような手触りがあります。果実は5mmほどで固まりを作ります。また新芽はテンプラなどにして食べることができます。

　キク科のオキナワギクは奄美大島、徳之島、沖縄島北部に自生する日本固有種です。海岸の石灰岩上に生育します。親株から出た茎が地表面を這うよう

モクビャッコウ

イソマツ

オオハマボウ

に長く伸びる走出枝（そうしゅつし）は細長く、その先に節が生じて根からいきなり葉が生えているように見えます。9〜10月頃、花を咲かせ、花茎は高さ10〜20㎝。40〜70個ほどの花が集まってできる頭花（とうか）は径2.5㎝ほどです。

　キク科のモクビャッコウは直立性の低木で大きなものは1mにもなります。海岸沿いの石灰岩や隆起サンゴ礁などの波しぶきがあたるような場所に生えます。葉は枝の先端部付近に集まり、厚くやわらかで葉の両面に灰白色の短毛を密生します。12〜2月ころ、枝の先付近にやや球形で径4〜5㎜の黄色い頭花を多数つけます。

　イソマツ科イソマツは日本では伊豆諸島及び小笠原諸島、南西諸島に分布し、日本国外では台湾の蘭嶼（らんしょ：台湾の離島）にも分布しています。多年草で、海辺の石灰岩の上に多く見られます。枝分かれし斜上する茎は木質化し樹木のように見える姿からイソマツと呼ばれます。夏から年末にかけて葉の中心から10㎝余の花茎を真っすぐのばし薄い赤紫色の花をつけますが、春に花を見ることもあります。また花の色が黄色いものはウコンイソマツと呼ばれます。

　オオハマボウはアオイ科の常緑高木で10mほどの高さになります。国内では種子島以南の各島に分布します。方言でユウナといい、徳之島の民謡に久保けんお氏が作詞した「ゆうなの木の下で」という童謡で知られています。黄色やオレンジ色の丸く大きな花をつけ、徳之島町の町花に指定されています。樹皮は繊維に富むので縄の材料になりました。また潮に強いことから防風、防砂林として利用されてきました。

　徳之島の植物を森の植物、里や湿地の植物、海辺の植物に絞って書き始めましたが、たいへんな数になり絞り込むことに苦労しました。科名和名の次に徳之島の方言名を分かる限り入れましたが、ごく一部です。原稿を書いている時点で分かっていることを解説しているので、すでに過去のものになりはじめています。自分の眼で観察し徳之島の生物について理解を深めて下さい。この原稿が、島の宝を後世まで残すことの一助になれば幸いです。

第3章　徳之島の生き物たち

1. 陸の生き物

Ⅰ　哺乳類

アマミノクロウサギ

生きた化石

　大正 10 年に、原始的な体型で、中南米の
メキシコウサギ・南アフリカのアカウサギと
ともにムカシウサギ亜科の「生きた化石」と
評価されているとして天然記念物に指定さ
れ、昭和 38 年には特別天然記念物に格上げ
されました。さらに平成 16 年には種の保存
法の国内希少野生動植物種にも指定されて
います。

　実際にはムカシウサギ亜科のウサギは現

よく発達した前後の肢の爪

存していなくて、ムカシウサギ亜科とされたアマミノクロウサギなどはウサギ亜科とされました。アマミノクロウサギの近縁種は現存しておらず、揚子江下流域に化石が出土されるだけです。黒い体色、短い耳、巣穴に暮らし夜行性であることなどから「原始的なウサギ、遺残種」などのイメージが広められてきましたが、以前は学校などでよく飼育されていたカイウサギと同じアナウサギの仲間です。

　アナウサギの名のとおり、穴を掘って生活します。巣穴は岩のゴロゴロしたような地形に多く、いくつかの出口があり複雑な内部構造をしていることが多いようです。子ウサギを産むときは粘土質の斜面に穴を掘りその中で出産します。子育て用の巣穴は深さ２ｍ近くあり内部は曲がっていることが多いと聞きます。母親は子ウサギと暮らすのではなく、子ウサギを巣の中に残したまま巣の入口を土でふさいで出かけてしまいます。そして夜にミルクを与えに戻ってきます。それも、二晩に一度の授乳が多いようです。

　このようにアナウサギは頻繁に土を掘ったり塗り固めたりしているので、前肢、後肢の爪は強力です。特に後肢の爪はかなりのスピードで伸び続けています。林道などではゆっくり動いているように見えますが、ピョンピョン跳ぶことはなく、草むらを恐ろしい速さでかき分けながら突き進む姿には驚かされます。

北部と中部に分かれる生息域

　推定個体数では、2003 年に徳之島に約 200 匹のアマミノクロウサギが生息しているという報告が出ましたが、もう少し多いのではないかという意見が多いようです。生息域は、北部の天城岳から三方通岳にかけての山塊と、中部の美名田山から井之川岳にかけての山塊に 2 分されています。天下茶屋の峠を越える県道沿いで生息域が 2 分されていることが遺伝的多様性の維持の妨げになっているということも指摘され続けてきました。

　しかし、最近はアマミノクロウサギの生息域が耕作地に重なり始めていて、分断している県道のすぐ近く

　井之川岳周辺で見られる白タビのクロウサギ

でも糞が確認されるようになっています。いずれ県道を渡るウサギが現れるかもしれないと危惧されていましたが、最近ロードキルが実際に起きてしまいました。すでに北部と中部の山塊に暮らすアマミノクロウサギはフロンティアによる交流が始まっているようです。交通事故がさらに増えないように祈るばかりです。

トクノシマトゲネズミ

奄美大島とは別種

アマミトゲネズミより大きいトクノシマトゲネズミ

　トゲネズミが天然記念物に指定されたのは1972年のことでした。アマミトゲネズミとオキナワトゲネズミの2亜種が学界では認められていましたが、徳之島にもトゲネズミがいることは地元の自然愛好家やハブ捕獲者、研究者などには知られていました。

　徳之島にトゲネズミが生息していることが公に報告されたのは1977年のことです。奄美大島に生息するアマミトゲネズミと同種という認識でした。1981年に鹿児島県文化財保護審議委員会から徳之島に本当にトゲネズミがいるのであれば、天然記念物の生息地として徳之島も追加するので送ってほしいと連絡があり、たまたま徳之島に出張していた関係者で捕獲して鹿児島大学に送りました。奄美大島のトゲネズミに比べて明らかに大きいという印象がありました。

　その後、奄美と沖縄の亜種は別種になりました。染色体の違いから徳之島産も別種であろうと指摘されていましたが、2008年に骨格などの計測値の違いからアマミトゲネズミとは異なる新種としてトクノシマトゲネズミが登録されました。

謎の破れやすい皮膚

　中村正弘先生（歯科医師で写真家）の写真にはトゲネズミの名前の由来である2cmほどの先の尖った硬くて扁平な毛がきれいに映っています。緊張するとその毛を立てるのですが、驚いたことにその写真もあります。硬い毛の生えている皮膚はとても薄く、皮下組織の結合も弱いので強く押さえつけると簡単に破れてしまいます。チクチクと痛い毛は防御の役に立つかもしれませんが、破れやすい皮膚も肉食獣から逃れるときに役立つのでしょうか。謎の多いネズミです。

　もう一つの特徴は左右の足をそろえてピョンピョンと跳ねるような歩き方をすることです。ハブの攻撃も空中高くジャンプして避けることが知られています。幼いネズミの動きはさらに変わっていて、毛のついたピンポ

トゲネズミのトゲ状の毛

トゲネズミは危険を感じるとジャンプする

ン玉が小刻みに跳ねているように見えます。

　トゲネズミのピョンピョン跳びまわる変わった行動はハブの攻撃を避けるためには有効でしたが、最近林道に増えているノネコに対して防御法としては全く役に立たないようで、多くのトクノシマトゲネズミがノネコの獲物狩りの習性の犠牲になっていると考えられています。

ケナガネズミ

日本最大のネズミ

　奄美大島、徳之島、沖縄県北部に生息するケナガネズミは、日本では最大の樹上性のネズミとして1972年に天然記念物に指定されました。

　徳之島の方言名では「ジュジュロ」です。その鳴き声からそう呼ばれると言われますが、奄美の「ディジロ（尾が白い）」と同じ語源かもしれません。

　体はネズミにしては非常に大きく頭胴長25〜30cmくらいあり、国内では最大の在来ネズミです。体毛は黄褐色で、3cmほどの先の尖ったトゲ状の扁平な毛のほかに、黒褐色の5〜7cmもある長い剛毛を混生させ

主に樹上に暮らすケナガネズミ

ケナガネズミという和名の由来になっています。胴体より長く見える太い尾を持っていて、その先半分が白い毛で覆われているのでオジロネズミとも呼ばれます。

とっても動きが遅い

　樹上性の大型ネズミで、リスのような生活をしていますが、リスのように素早く枝を飛び移ったりすることはできません。地面に降りているときの動きは心配になるほどゆっくりとしています。木の幹を登る様子もけっして軽快なものではありませんが、枝の上では長い尾で上手にバランスをとって動き回っています。

　トゲネズミがハブの攻撃を避けることによりハブの攻撃を回避しているのに対し、ケナガネズミは樹上生活という手段でハブを避けているように見えます。しかしハブは木に

ケナガネズミが好きな松ぼっくり。食べた後はエビフライに見える

登るし、ケナガネズミは地上で採餌することもあります。ケナガネズミは数百万年ものあいだハブの攻撃におびえる生活を続けてきたのでしょうか。

ハブの餌としてのネズミ類

　ハブの攻撃をジャンプして回避するトゲネズミはハブに捕食されることは少なく、樹上生活者のケナガネズミは意外にハブに捕食されていることが分かっています。

表. ハブの胃内容物や糞便の分析から明らかになった捕食された哺乳類（奄美大島）

種名	1966 年 個体数	1997 年 個体数	2003,4 年 個体数	2006〜10 年 個体数	合計 個体数	率(%)
ワタセジネズミ	18	4	8	2	32	3.0%
ハツカネズミ	1		6		7	0.7%
トゲネズミ	3	1	2		6	0.6%
ケナガネズミ	9		1	3	13	1.2%
マングース				1	1	0.1%
ドブネズミ、クマネズミ	765	57	83	88	993	94.4%

（三島章義 1966、服部 1997、服部 2005、服部 2011 未発表より）

左表は 1966 年から 2010 年までに奄美大島で報告されたハブの胃内容物や糞便の分析から明らかになったハブに捕食された哺乳類の数です。1966 年に報告された三島章義氏の報告は捕獲されたハブを解剖して胃の中に残っている動物の死体を調べ上げた労作です。それ以降のデータは捕獲されたハブの糞便の中に残る体毛から動物種を割り出しました。トゲネズミの個体数はケナガネズミの個体数よりはるかに多いのですが、ハブの餌になるのはケナガネズミの方が多いことが分かります。積極的にハブに近づき、ハブの攻撃をジャンプしてかわすトゲネズミに比べて、ケナガネズミはハブの攻撃を回避する術を持っていないのでしょう。

　ハブの餌は哺乳類に限ればクマネズミやドブネズミがその 9 割以上を占めています。ネズミではなく食虫類のワタセジネズミが次いで多く 3％です。ハブとワタセジネズミの関係は食虫類の項で説明します。

　次いで多いのがハツカネズミなのですが、2000 年ころまでは奄美大島の龍郷町や奄美市笠利町で、多くのハツカネズミを捕獲することができました。その後はハツカネズミの情報はありません。徳之島では、これまでに広い範囲でいろいろなタイプのネズミトラップを仕掛けてきましたが、ハツカネズミが捕獲されたことはありませんでした。

　マングースがハブに捕食された例は 2006 年にハブの糞から出てきたマングースの体毛の 1 例だけです。100 年前にハブ駆除のために導入されたマングースですが、マングースがハブを捕食することもなく、ハブがマングースを捕食したこともほとんどないということで、両者は無関係の関係にあったようです。徳之島でも「ハブとマングースの対決ショー」は行われていましたが、徳之島ではマングースが野外で繁殖することはありませんでした。

コウモリ

徳之島に棲む8種類のコウモリ

　徳之島では、オリイコキクガシラコウモリ、リュウキュウユビナガコウモリ、リュウキュウテングコウモリ、ヤンバルホオヒゲコウモリ、モモジロコウモリ、アブラコウモリ、クビワオオコウモリ、オヒキコウモリ属の未判定種の8種類のコウモリが確認されています。

　リュウキュウユビナガコウモリは奄美大島以南の南西諸島に生息しています。徳之島では広い範囲でその鳴き声をバットディテクター※で捉えることができます。車のヘッドライトに集まる昆虫を捕らえるために視界に飛び込んでくることもあります。

　鍾乳洞のような広い空間を持つ自然洞や廃坑などをねぐらにしています。大きな群れで生活していて、夜間に飛翔しているときも群れで行動しているのを見かけることが多いようです。

オリイコキクガシラコウモウリ（上下）

中村正弘さんが撮影した驚きの写真

　オリイコキクガシラコウモリはコキクガシラコウモリの奄美群島固有亜種で、奄美大島、徳之島、沖永良部島に生息しています。顔面の鼻の周りから額にかけて複雑な形のヒダ状の構造がこのグループの特徴です。中村正弘さんが鍾乳洞で撮影した写真には、飛翔する本種の全身が精細に写されています。鼻葉だけでなく、前を向いて音を集める耳介や翼から出る第1指と爪などまできれいに映っている驚きの一枚です。

　鍾乳洞や廃坑、防空壕などをねぐらとし、広くて短い感じの翼でひらひらと飛翔します。ねぐらから飛び出るときはいっせいに出かけますが、そのあとは単独行動のようです。森の中で採餌していることが多く、ねぐらからかなり離れた夜の森の中で懐中電灯の明かりに集まる虫を食べるために目の前で反転されて驚くことが度々あります。

　徳之島で昆虫採集をしている人からのメールには「枯葉トラップでゴールデンバットが採れた」とありました。添付されている写真にはリュウキュウテングコウモリが写っていました。この新し

　　　　※　バットディテクターはコウモリの出す超音波の鳴き声を人が聞こえる音に変換する装置です。

アブラコウモウリ

いテングコウモリの調査法はコウモリ研究者を喜ばせました。リュウキュウテングコウモリは採集が難しいコウモリだったのですが、意外と多くの個体が生息していることが分かりました。

　中村正弘さんの残した写真には松の枝にぶら下がるアブラコウモリの写真が含まれていました。アブラコウモリは人家で繁殖する数少ないコウモリです。なぜ昼間の松の枝にぶら下がっているのか、今となっては尋ねる術はありません。

食虫類

徳之島に棲む3種類の「モグラ」

　徳之島にはトガリネズミ科のワタセジネズミ、オリイジネズミ、ジャコウネズミが分布しています。

　ワタセジネズミは頭胴長6～7cm、尾長4～5cm、体重4～6gくらいの大きさで、畑や草地に生息する超小型の食虫類です。奄美群島と沖縄諸島のほとんどすべての島に生息していることが知られています。枯れ草や積み上げた落花生やサツマイモの干し草の下などに、枯れ草で作った丸い巣を

ワタセジネズミ

作って子育てをします。畑作の盛んな徳之島ではおなじみの動物で、「モグラ」とか「ウレ」と呼ばれています。

　食虫類という名前のとおり、昆虫を主食にしています。小さな体ですが、ほぼ同じ大きさのバッタなどを捉えて捕食します。巣のある枯れ草をひっくり返すと、母親が子育て中の幼獣を腰のあたりに数珠つなぎに咥（くわ）えさせて逃げます。これは「キャラバン行動」と呼ばれる食虫類に特徴的な行動です。

　子ハブは口が小さいので大きな動物を飲み込むことができません。徳之島での調査では子ハブの胃の中に残っていた餌の80%がワタセジネズミでした。奄美大島ではワタセジネズミは25%で半数以上がヤモリ類だったので、徳之島にいかに多くのワタセジネズミが生息しているかが分かります。

　オリイジネズミはワタセジネズミより一回り大きく、爪が大きく、背面の毛が長いのが特徴です。かつてはニホンジネズミの亜種とされていました。ニホンジネズミで最も南に住む屋久島や口之島に生息する個体は大型で、オリイジネズミとほぼ同じ大きさですが、毛は長くごわごわした感じでオリイジネズミには似ていません。現在では独立種とされているオリイジネズミは奄美大島と徳之島にの

オリイジネズミ

み生息する固有種です。

　写真は環境省が設置したセンサーカメラで撮影されたオリイジネズミです。ワタセジネズミより太っていて大きい感じがします。

　ワタセジネズミのように集落周辺で見つかることは稀で、多くは林内から林縁部で発見されています。2010 年に犬田布岳の山すその林内で見かけた個体はワタセジネズミより大きくふかふかした感じで、地面をもたもたした感じで歩き、オキナワウラジロガシの根元の隙間に入っていきました。環境省が設置した赤外線センサーカメラにオリイジネズミが撮影されたのも犬田布岳の林内でした。

　ジャコウネズミは集落内でも見かける中型の食虫類で、驚くと「チッ、チッ、チッ」と大きな声で鳴きます。独特の体臭が強く、方言で「ジャー」と呼ばれています。残念ながら、じゃ香のような芳香ではありません。

　ジャコウネズミはアラブ、中東、インド周辺、東南アジアと周辺島嶼、中国南部から台湾と南西諸島に分布しています。南西諸島のジャコウネズミは自然分布なのか、人為分布なのかははっきりしていません。かつて鹿児島市や長崎市、五島列島に生息していたものは移入種でした。奄美大島では1981年に名瀬市内で採集されたのちは目撃情報がありません。

　徳之島では集落内の狭い路地沿いにネズミ籠を仕掛けると 10 匹くらいなら簡単に捕獲することができましたが、最近は集落内では見かけなくなっています。ただし、2003 年の鳥獣保護法の改正により食虫類や住家性ネズミ 3 種を除くげっ歯類の捕獲も環境省の許可が必要になり、簡単に捕獲調査はできなくなりました。現在では農作業小屋や畜舎の中や周囲のサトウキビ畑に生息場所が移ってきているようです。

リュウキュウイノシシ

人間とともに移動！？

　リュウキュウイノシシは、徳之島では農業害獣としてなじみ深い動物です。日本本土から種子島までに生息するニホンイノシシとは別亜種とされています。

　本土のニホンイノシシはヨーロッパから、西アジア、極東、北アメリカに分布するイノシシの系統ですが、リュウキュウイノシシは

ウリボウ

東南アジア、東アジア、オセアニアに生息するイノシシの系統に属します。どういうルートから徳之島に到達したのでしょう。台湾からヒトが運んできたものが定着したという説が有力でしたが、詳しい遺伝子の検討から台湾のイノシシよりも大陸のイノシシに近いことが分かっています。

しかも、南西諸島の個体群の大陸からの分岐年代は5万年以上前と推定されています。南西諸島の人類の渡来は2～3万年前と想定されていることから、リュウキュウイノシシはその時代に大陸から八重山諸島に泳いできたか流されてきたことになります。その後、人類の移動に伴い中琉球にまで拡散されてきたと考えられています。

ところで、環境省のレッドデータでは徳之島のリュウキュウイノシシは絶滅の恐れのある地域個体群（LP）と指定されています。「徳之島の個体群は、島の規模、生息環境、捕獲数などから見て、とくに個体群の規模が小さく、絶滅の危険性が大きいと推定」されての指定です。徳之島では10年ほど前からリュウキュウイノシシによる農業被害が顕著になり、侵入防止の金属柵の設置が全島に広がりました。絶滅の恐れがあると言われながら、農業害獣として駆除の対象となっている徳之島のリュウキュウイノシシです。

農業害獣として駆除の対象でもある

イノブタとの交雑

徳之島のリュウキュウイノシシには本土のニホンイノシシとの交雑が疑われる塩基配列を持っている個体がいるという遺伝子解析結果が沖縄での学会で報告されました。その後の詳しい解析でニホンイノシシの遺伝子検出はエラーであったとの連絡がありました。当時改訂された鹿児島県版レッドリストにはそのことが紹介されていますがひとまず安心しました。ところが、2019年にイノシシと家畜豚の遺伝子を研究しているグループが徳之島のリュウキュウイノシシには家畜豚やイノブタ（イノ

イノブタとの交配が心配されるリュウキュウイノシシ

シシと豚の雑種）の遺伝子と同じタイプのものが含まれていると報告しました。どの時代に交雑が起きたのかは明らかになってはいません。

沖永良部島では本土から持ち込んで飼育していたニホンイノシシが野生化して駆除できずに困っています。奄美大島では野生イノシシのヒゼンダニ（皮膚病・疥癬（かいせん）の原因となるダニ）感染が多く、狩猟しても食用に出来ずに廃棄しています。西表島でも家畜豚との交雑の可能性を多くの研究者が警鐘を鳴

らしています。島外からの動物の移動には慎重であることと、家畜やペットの飼育にあたっては野生化させないように責任を持つことが大切です。

Ⅱ　鳥類

人間をあまり恐れないアカヒゲ

アカヒゲ

　天然記念物のアカヒゲは徳之島、奄美大島、トカラ列島、男女群島で繁殖が確認されています。不思議なことに、与論島、沖永良部島、喜界島には生息していません。三島村、屋久島、種子島などではまれに目撃されることがありますが繁殖は確認されていません。沖縄のアカヒゲは脇の黒斑がなくホントウアカヒゲという亜種になっています。

　木の洞や崖のくぼみに営巣しますが、農作業小屋や雨戸の戸袋の中でも巣作りする人懐っこい鳥です。他の島々に比べて徳之島のアカヒゲは人を恐れないという印象があります。

ウグイス（諸田池）

ウグイス

　徳之島ではウグイスは冬に渡ってきて庭先などでジャッジャッと鳴き、春先から囀（さえず）り始めたかと思うといつの間にか姿を消している冬鳥です。かつてはリュウキュウウグイスと呼ばれていましたが、現在は種名が確定していない状態です。亜種カラフトウグイスか亜種ウグイスのどちらかであろうと考えられています。

　一方、喜界島と沖縄島には留鳥として繁殖している亜種ダイトウウグイスが確認されています。沖永良部島や与論島などでも夏に繁殖している

ウグイスがいますからこれもおそらくダイトウウグイスでしょう。夏の喜界島ではダイトウウグイスが大きな鳴き声で囀りあっています。ウグイスに托卵（卵を産み落とし子育てを託すこと）するホトトギスもウグイス以上に大声で鳴きながら飛び回っています。

　奄美大島で夏にウグイスの鳴き声を聞くことはありませんから、ダイトウウグイスはハブが嫌いなようです。徳之島では、ごく稀に夏の山でウグイスの鳴き声を聞くことがあります。同所でホトトギスの声も聞こえます。徳之島にも数少ないながらダイトウウグイスが定着しているようです。

リュウキュウコノハズク

　本土ではコノハズクを見ることはそう簡単なことではありませんが、徳之島ではとてもなじみ深い小型のフクロウです。校庭のガジュマルの樹洞の中で子育てをすることもあるし、近くの電線に子連れで並んでにぎやかに鳴きあっていることもあります。DNA の分析では南西諸島のリュウキュウコノハズクは各島々に分断後の交流が少ないと報告されています。

　徳之島や奄美大島にはふつうに見られるシジュウカラやヤマガラも喜界島や沖永良部島、与論島には生息していません。個体数も多く、空を飛べる翼をもっていますが、島からは離れたくない鳥が意外に多いことが分かります。

アマミヤマシギ

　アマミヤマシギは中琉球の固有種ですが、奄美大島、加計呂麻島、請島、与路島、徳之島で繁殖が確認されていて、沖縄諸島では冬期を中心に確認されるだけです。4月から6月に産卵、育雛します。ヒナを数羽連れて林道を横切る姿は微笑ましいものです。

　アマミヤマシギの親鳥はヒナに危険が迫ると擬傷と呼ばれる行動をとります。森の中でヒナ2羽を見つけカメラを構えた私の目前で親鳥が翼をばたつかせてもがき始めたので、思わずそちらにカメラを向けてしまいました。分かっていても引っ掛かってしまう巧妙な手口です。

渡り鳥

　夏鳥のリュウキュウアカショウビン、サンコウチョウ、旅鳥や冬鳥としてセイタカシギ、クロツラヘラサギ、シロハラ、サシバなど、多くの渡り鳥も飛来します。徳之島は多くの種類の鳥を一年中身近で見ることができる島です。

アカショウビン

サシバ

セイタカシギ

Ⅲ　爬虫類

鳴き声を出すホオグロヤモリ

場所によって色を変える

ヤモリ類

　徳之島にはミナミヤモリ、アマミヤモリ、ホオグロヤモリ、タシロヤモリ、オンナダケヤモリの5種類のヤモリが生息しています。よく似ていますが、いろいろな特徴を持っている身近な爬虫類です。ヤモリの特徴として、指の裏側には「指下板」と呼ばれる縞模様の構造を持ちます。これは分子間の結合力を利用した吸盤の働きをする構造物で、この吸着力で、建物の壁面やガラス面を素早く走り回ることができます。

　ヤモリは襲われたときや驚いたときに自分の尾を切断してしまいます。切断された尾はしばらくのあいだ激しく動き続けます。襲った生き物が切断された尾に気を取られている間に逃げて隠れようという作戦です。自切と呼ばれ、ヤモリ類、トカゲ類の持つ生き残りのためのシステムです。ただし、一生に1回だけしか使えないようです。切断された断面からは少し小さめの尾が再生します。

　タシロヤモリはかつて奄美大島以南に広く生息していましたが、現在では奄美大島、加計呂麻島、請島、与路島以外では確実な目撃記録がありません。徳之島でも最近は見つかっていません。

　オンナダケヤモリも奄美大島以南に生息するとされていましたが、徳之島も含めてほとんど見かけることはないヤモリになっています。ホオグロヤモリの個体数密度の上昇がその原因とされています。奄美大島ではオンナダケヤモリは家屋内から建物の外壁までごく普通に見かけるヤモリですが、徳之島以南では明るいところを避けて生活しているようです。

　すっかり悪者にされているのがホオグロヤモリです。「ケー、ケッ、ケッ、ケッ」と大きな声で鳴くなじみ深いヤモリです。今から40年ほど前までは徳之島以南の南西諸島から熱帯域に生息するとされていましたが、そののちに奄美大島や喜界島でも確認されるようになりました。最近ではトカラ列島でも見つかっています。

　ただし、ここまで紹介したタシロヤモリ、オンナダケヤモリ、ホオグロヤモリは3種類ともに、人が持ち込んで分布を拡散させている移入種という考え方もあります。

　ミナミヤモリは九州南端以南に生息するヤモリで、かつては本土のヤモリと同一種とされていました。この種もホオグロヤモリ

　ミナミヤモリ

徳之島固有種のオビトカゲモドキ

の影響を強く受けていて、徳之島以南では建物外壁より外側の石垣やコンクリートの塀、生垣、海岸林、山裾の林などに生息しています。

アマミヤモリはミナミヤモリにとても良く似ている森林性のヤモリでミナミヤモリの隠蔽種と呼ばれています。奄美大島、徳之島、小宝島に分布しています。

オビトカゲモドキ

徳之島固有種として、その希少性から鹿児島県の天然記念物に、種の保存法では国内希少野生動植物種に指定されています。

オビトカゲモドキはヤモリの仲間ですが、ヤモリと異なり眼瞼（まぶた）を持っています。ヤモリのように舌で目を舐めるような行動は必要ありません。トカゲモドキの仲間は森林や砂漠に生息しているので、ヤモリの特徴である「指下板」を持ちません。爪を上手に使って、洞窟や樹洞の中、コンクリート壁面などで静止しています。

オビトカゲモドキは、体幹の背面にピンク色の帯、尾に白色の帯が目立つ派手な色彩をしています。夜行性で、昼間は樹洞の中や防空壕、鍾乳洞の中などで見つかることもあります。林道の真ん中で長い手足を広げて仁王立ちしている姿や、湿ったコンクリート擁壁や水路の壁などに張り付いている姿をよく見かけます。近づいても動かないことが多いのですが、いったん逃げ始めたら驚くほど速い動きで逃げまわる変わった生き物です。

オビトカゲモドキは沖縄島に産するクロイワトカゲモドキの亜種とされていましたが、DNAの研究などにより、徳之島固有種であることが分かりました。奄美大島にはトカゲモドキは生息していませんが、沖縄島の周辺離島にはイヘヤトカゲモドキ、マダラトカゲモドキ、ケラマトカゲモドキ、クメトカゲモドキなどのクロイワトカゲモドキの亜種が生息しています。

オビトカゲモドキも尾を自切することができます。

爪を使って壁面を移動する

ヤモリと違って眼瞼を持つ

再生した尾は変わらないほどの大きさですが、オビトカゲモドキに特有な帯模様は出ません。波や斑点のような均一な模様が現れることが多いようです。完全尾の個体を見かけることが少ないので、成体になるまでに様々な苦難にあってきたことがうかがい知れます。

　10月になると次第に見かけなくなります。南西諸島のトカゲモドキは冬眠します。

尻尾を切らないオキナワキノボリトカゲ

トカゲ類

　徳之島にはカナヘビ科のアオカナヘビ、キノボリトカゲ科のオキナワキノボリトカゲ、トカゲ科のオオシマトカゲ、バーバートカゲ、ヘリグロヒメトカゲが生息しています。

眼瞼を持つオキナワキノボリトカゲ

　ヤモリと異なり、トカゲ類は眼瞼を閉じることができますが、観察していてもなかなか閉じてくれることはありません。さらに瞬膜が目頭側にあり、眼球の前面全体を覆うことができるのですが、これもなかなか見ることはできません。

　ヤモリ類と同じように、尾を自切することができますが、キノボリトカゲだけは尾を自切することがありません。

　アオカナヘビは頭胴長の 3 倍ほどある長い尾を巧みに使用して、草の上で生活しています。夜もススキやシダの葉などに縦につかまって眠っているのを見かけます。他の島では褐色の背面をした個体が多く見られますが、徳之島では全身が鮮やかな緑色をした個体が多いように見えます。

　トカゲの中では圧倒的な人気者のキノボリトカゲは体色を変えることができます。緑色から黒褐色までいろいろな色合いになります。雄同士で威嚇しあっていると気合負けした方は一瞬で真っ黒になることもあります。雌は雄より褐色の模様が多く、体形にも明らかな雌雄差があります。樹上生活していますが、庭や道路の地面にいるのもよく見かけます。驚くとひと昔前に話題になったエリマキトカゲのように後肢だけで走ることもあります。

　オオシマトカゲは人家周辺や耕作地に多く生息する大型のトカゲで、沖縄諸島、与論島、沖永良部島に生息するオキナワトカゲの亜種です。夏に生まれたときは尾の明るい青色が目立って

尾は青く美しい色合いのバーバートカゲ

いますが、次第に青色は薄くなり褐色系の成体に成長します。虫を糸に結んで楽しむトカゲ釣りは南西諸島には広く認められる子どもの遊びですが、尾を自切させることなく確実に捕獲できる方法です。

　バーバートカゲは人の生活環境ではなく、森林にすむトカゲで、オオシマトカゲを少し小柄にスマートにした感じです。尾の色はオオシマトカゲより濃い青色です。成体になっても尾の青い色は消えることはありませんが、年老いた成体は青みが黒ずんできます。山頂から山麓、林縁部まで森に隣接した場所までに生息しています。薄暗い森よりも日が差し込むような場所を好んで生活しているようです。

　ヘリグロヒメトカゲは平地から山域まで広く分布しています。庭に出てくることもあれば、畑の周りでも見かけます。どちらかといえば、明るい場所よりも暗い場所が好きなトカゲで、薄暗い林内でも盛んに活動しています。前肢後肢ともに弱々しく細いのですが、なめらかな体幹のウロコでヘビのように落ち葉の中を滑って移動しています。

ハ　ブ

　ハブの恐ろしさを知らない方はいないでしょう。その猛毒により咬まれたらどれだけつらい思いをするかを誰もが知っています。命を落とした方も数多くいるクサリヘビ科マムシ亜科の毒蛇は恐ろしく身近にいるヘビです。

　ハブの語源は鼻が反っているから「反鼻」から来たとか、咬みつくから「食む」が語源だとか言われていましたが、古文書に詳しい弓削政己さんに尋ねたところ、「朝鮮語でヘビのことをパイといったが、それがファイに変化し、さらに、ヘビやハブの語源となった。ハイもヒャンもヒバァも同じだよ」とのことでした。とても分かり易い解説で驚きましたが、同席していた数人の文化財関係者は全員当然という顔つきでした。

　ハブはピット器官で感知した温度が高いものが動いていると咬みつくという習性はありますが、実際には必ず攻撃するというわけではありません。「こんなところにいたのか。咬まれなくてよかったなあ」とほっとすることもあります。ハブが攻撃する前にハブを発見することがハブに咬まれないための唯一の対策です。

朝鮮語が語源とされるハブ
（方言：マジュン、ナガムン）

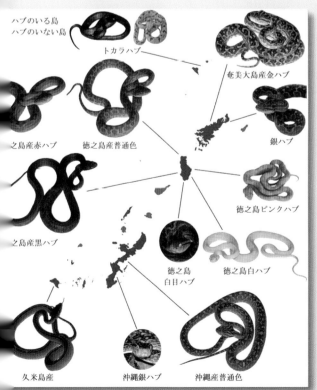

ハブの色彩変異

94

めったに発見されない黄金ハブ

南西諸島成立の過程で、奄美大島と徳之島が分かれたのは百万年くらい前のこととされています。この百万年の間に、徳之島のハブは特徴的な進化を遂げ、奄美大島との間にいろいろな違いが生まれました。ハブの毒タンパク質のアミノ酸配列の違いだけでなく、行動、形態、色彩などに違いが確認されます。

行動では徳之島のハブが最も攻撃性が強いことは多くの研究者により確認されています。沖縄県のハブはおとなしいので、ハブの攻撃シーンを見せるときに徳之島産のハブを使用したこともありました。

形態では、頭のかたちが細長いことが徳之島の特徴です。ハブ酒を作るときに徳之島産のハブは頭が細長いので瓶に入れやすいという業者もいました。

徳之島のハブで最も特徴的なことは色彩が豊富であることです。ほとんどのハブは色の濃淡に差こそあれ、褐色系の体色をしていますが、全体の1割ほどが赤褐色を帯びていて赤ハブと呼ばれています。1％くらいは目が白くて腹のウロコ（腹板）の色が真っ白な白目ハブです。犬田布から崎原一帯では黒色型の黒ハブが捕獲されますが、1年に数匹程度です。アルビノ（白化型）ハブは多少黄色みが出るので、白ハブとか黄金ハブと呼ばれていますが、徳之島中部で3年に1匹くらいうわさを聞きます。赤ハブから褐色系の色が消えたピンクハブも時々現れます。もっとも珍しいのは「血赤」と呼ばれる血のように赤いハブで、20年に一度くらいの珍しさです。基本形が地味なだけにこのバリエーションは驚きです。

ヒメハブ

ヒメハブもハブと同じクサリヘビ科マムシ亜科の特徴であるピット器官という赤外線センサーを持つ毒蛇です。頬にあるゴマ粒ほどの穴の中で周囲の温度を感知します。体長は短くずんぐりした体型ですが、動きはハブ以上に素早いので、不用意に手を近づけると瞬間的に咬まれます。

ヒメハブの主食はカエルですが、小型のネズミなども食べます。ハブのように人命にかかわるほど毒は強くはありませんが、

普段はのんびりだが、瞬間的な動きは素早いヒメハブ

ハブの孵化。一度に 10 個前後の卵を産む

孵化したばかりのヒメハブ

白っぽく硬く腫れて痛みますから、油断は大敵です。

何回かヒメハブに咬まれるところを目撃しましたが、咬まれた人はすべて熟練したハブ取り扱い経験者でした。ヒメハブを布袋に入れるときに、袋の口で首をつかんでいた指を離した瞬間に咬まれています。ヒメハブは捕まれたときから力強く暴れていますが、離された瞬間に体を反転させます。一瞬のことなので、離したヒメハブの頭が指の上に回り込んで来ていることもあるのです。おとなしくのろまな毒蛇という印象がありますが、瞬間的なスピードには驚かされます。

ハブは 7 月中旬から産卵が始まり、母ハブは産卵した卵が乾かないように周りを取り巻いて守ります。産卵後 40 日を過ぎると孵化が始まります。不思議なことにすべての卵から同じ日に孵化してきます。ヒメハブは 8 月後半から産卵が始まります。産卵数は 3 個から 5 個くらいで多くはありません。卵殻は半透明で中の子供が見えている柔らかい卵を産卵します。産卵した卵は 3 日ほどで孵化します。新生ヒメハブはしばらくのあいだ灰色っぽい体色をしています。

ハ イ

ハイは奄美大島に生息するヒャンと同種のコブラ科の毒蛇です。オレンジ色に見えるヒャンと異なりハイはチョコレートのような黒褐色に見え、沖縄島とその周辺離島に生息しています。猛毒を持っていると怖がられていますが、おとなしいヘビなので咬みついてくることはありません。

ハイはコブラ科に属していますから、コブラと同じようにヘビを食べると言われています。主たるエサとしてブラーミニメクラヘビと考えてしまいますが、ブラーミニメクラヘビは移入種とされています。メクラヘビの侵入時期も原産地も明らかになっていません。メクラヘビが入り込んでくる前のハイが何を食べていたかも謎のままです。

ハイの尾端は鉛筆のように急に細くなります。

コブラ科に属するハイ

尻尾の先はとがっている

ハイのコンバットダンス

ヒメハブのコンバットダンス

ハブを飲み込むこともあるアカマタ

これは地中に潜る習性をもつヘビの特徴の一つです。徳之島では移入種とされるブラーミニメクラヘビの尾も同じような形をしています。ハイをつかむと尖った尾の先をチクチクと当ててきます。このことからハイの尾の先に毒針があるという言い伝えもまだ信じられています。

コンバットダンス

　ヘビは繁殖期に雄同士が絡まりあう行動が目撃されています。これはコンバットダンスと呼ばれ、しばしば交尾行動と間違えて報告されます。ハイは目立つ色彩をしているうえに、体つきも細長いので見事に紐がねじれているように見えるコンバットダンスが目撃されています。ヒメハブは体が太短いので、尾を巻き付けただけのコンバットダンスになるようです。

　実際にヘビが交尾しているときは雄のヘミペニスを反転させてお尻の穴（総排泄口）を密着させているので、じっとしていてほのぼのとした感じです。

無毒のヘビ

　ガラスヒバァは毒を持っています。しかし、蛇毒の研究者によると毒は弱く実害も出ていないそうです。本土のヤマカガシの出血毒のような被害は出ていないからと言っても咬まれない方が安全です。破傷風菌が混入する可能性もあります。おとなしそうに見えますが、離れたところからも咬みついてくることもあります。ガラスヒバァは水田や池などの水辺に多く、主にカエルを食べています。

　アカマタは2ｍ近くまで成長するハブに次ぐ大型のヘビです。その大きな体や怒りっぽい性格のためか、「アカマタはハブに咬まれても死なない。」とか「アカマタのいるところにはハブはいない。」などとハブの天敵のような言い伝えがあります。

リュウキュウアオヘビ

超希少種のアマミタカチホヘビ

掌に載るほど小さなアマミタカチホヘビ

　1966 年の三島章義氏のアカマタの食性に関する報告では 19 体の餌動物の中に 5 体のハブが含まれていたそうです。ただし、アカマタが好んでハブを食しているという報告はありません。なんでも食べるという習性の結果のようです。沖縄ではウミガメの卵や孵化した幼体を食べるという行動も数多く報告されています。アカマタは森林内から住宅地まで広い範囲に生息しています。石垣から伸びているヘビの抜け殻はアカマタのものも多いようです。アカマタの抜け殻には濃淡の横縞があります。

　リュウキュウアオヘビはごく普通に見られる無毒蛇です。体色は背面が緑褐色、腹面が黄白色ですが、背面に濃い緑褐色の斑紋のある個体や縦縞のある個体、明瞭な模様が見えない個体などいろいろです。リュウキュウアオヘビは日光が当たっている林道のアスファルト面でじっとしているのをよく見かけます。まるで日向ぼっこをしているように見えます。車が近づいても動かない個体もいます。車を止めて、よけてくれるようお願いしましょう。到着時間に大きな差は出ません。

　アマミタカチホヘビは奄美大島、加計呂麻島、枝手久島、徳之島、沖縄島、渡嘉敷島に生息する中琉球固有種です。沖縄島での観察例は多いのですが、奄美大島ではとても珍しいヘビです。徳之島では 1979 年に初めて報告されましたが、その後わずかの観察例があるだけの超希少種です。背面の体色は黒く、腹面は黄色がかっていて、背面中央に少し濃い縦縞があります。背面の黒色のウロコは太陽光を浴びると虹色に反射します。ミミズを食べていると報告されていますが、奄美大島、徳之島では情報不足で、生息場所も含めて詳しいことは分かっていない種です。

ウロコの数

　表にヘビのウロコの枚数を記載したのでヘビの抜け殻を見かけたときの参考にしてください。毒蛇はウロコの数が多いという特徴があります。

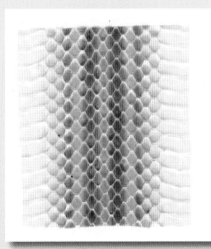
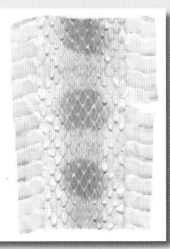

リュウキュウアオヘビとアカマタの抜け殻

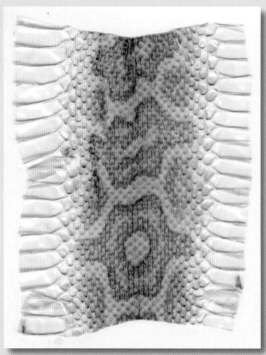

〔表〕 ヘビのウロコの数

種類	枚数
ハブ	21〜33 枚
ヒメハブ	18〜24 枚
ハイ	10〜12 枚
アカマタ	14〜16 枚
リュウキュウアオヘビ	12〜15 枚
ガラスヒバァ	13〜18 枚
アマミタカチホヘビ	16〜23 枚

ハブの抜け殻

Ⅳ 両生類

　哺乳類、爬虫類では、奄美大島と徳之島に生息している種のあいだに大きな違いは見られませんが、両生類では大きな違いが見られます。奄美大島では加計呂麻、与路、請の島々を含めてごく普通に生息しているシリケンイモリは徳之島では見ることができません。徳之島で見るイモリの全てがイボイモリです。奄美大島の森林性大型ガエルであるアマミイシカワガエルとオットンガエルも徳之島には分布していません。

　シリケンイモリは水から上がることはほとんどありませんし、オットンガエルも水辺が生息場所です。アマミイシカワガエルは夏になると森の中からふもとまで広く分布域を広げますが、冬の産卵期には伏流水があるような源流域に集まって産卵します。このように、徳之島に生息しない3種は安定した水環境を必要とします。徳之島が奄美大島から分れたこの百数十万年のあいだに、沢が枯れるほどの乾燥した時期が長く続いたなどの 3 種の両生類の存続を妨げた厳しい気候変動があったのかもしれません。

イボイモリ

　イボイモリは、とてもイモリとは思えないというか、両生類とは思えないイモリです。どちらかというと爬虫類のように皮膚はざらざらして乾いた感じを受けます。体は左右に平たく突起もあります。上から見たときに左右に飛び出た突起は肋骨の先端部です。皮膚は黒色なのですが、四肢の先端から足の裏はオレンジ色をしています。尾の上面、下面や肋骨の突起部、顔も周りのイボなどの外に突出した部分もオレンジ色になります。個体に

イボイモリのつがい

イボイモリの卵

イボイモリの幼生

よってはオレンジ色の方が黒色部より広く感じることもあります。

　原始的なイモリと言われるイボイモリは奄美大島、請島、徳之島、沖縄島、瀬底島、渡嘉敷島などに生息していますが、同属の近縁種は中国の南部に生息しています。鹿児島県の天然記念物であり、種の保存法に基づく国内希少野生動植物種に指定されています。

　イボイモリは水中に産卵することはなく、小さな水たまりの周囲の落ち葉やコケの上、木のウロにたまった水のすぐ近くなど、水面の近くに産卵します。舗装路に空いた穴にたまった水の中でも幼生を見ることもありますから、住宅地や耕作地でも産卵する可能性はありそうです。幼生は水に入りエラ呼吸で成長し、3〜4 cmの大きさになると上陸し、二度と水中生活に戻ることはありません。水中生活をするシリケンイモリとの競合はないので、徳之島ではイボイモリが繁栄しているように感じます。

　生息場所は湿度のある森の落ち葉や石の下や、腐朽が進んだ倒木の下などですが、徳之島では板切れの下、捨てられた瓦の下、トタンの下などに隠れている個体を見ることもあります。生活空間にオビトカゲモドキやイボイモリが生息しているのも徳之島の大きな特徴です。

アマミハナサキガエル

　アマミハナサキガエルは森林性の大型ガエルで奄美大島との共通種です。鹿児島県の天然記念物に指定されています。南西諸島ではハナサキガエル1種とされていましたが、1994年に西表島、石垣島に生息するものがオオハナサキガエルとコガタハナサキガエル、沖縄島に生息するものがハナサキガエル、奄美大島と徳之島に生息するものがアマミハナサキガエルの4種として記載されました。

ジャンプ力が素晴らしいアマミハナサキガエル

　体型はスマートでいかにもカエルという体形をしています。夜間の林道で見かけるアマミハナサキガエルは姿勢よく上を見て正座している感じです。後肢は長く2mくらい跳んで逃げることもあり、日本一のジャンプ力という表現をよく見ます。突き出た鼻先も特徴の一つです。体色は褐色から緑色まで様々です。

焦げ茶色をしたアマミハナサキガエル

森林に生息し、沢や林道でよく見かけますが、琉球石灰岩域の学校の校庭でも観察されています。どこから旅してきたのだろうと驚きましたが、オビトカゲモドキやイボイモリと同じような「徳之島あるある」なのでしょうか。

繁殖期は冬で、沢に集まり白い卵を産卵します。他のカエルのように大きな声で鳴くことはなく、繁殖現場に近づくとピッとかキュッと聞こえる小さな声で鳴きかわしています。なお、カタカナ表記されたカエルの鳴き声の表現は個人的なものです。

アマミアオガエル

濡れた路面でじっとするアマミアオガエル

奄美大島、加計呂麻島、請島、与路島、徳之島に分布する中琉球固有のアオガエルで、沖縄諸島に生息するオキナワアオガエルの亜種になります。雌が7cmくらいの大きさになる大型のアオガエルです。雄は5cmくらいの大きさです。

イボイモリほどではありませんが、水につかっている姿をほとんど見ることがありません。アオガエルの仲間は産卵時に卵と粘液をかき混ぜて泡立て、池の上の植物や側溝の取水升の壁面に付着させます。オタマジャクシは孵化してから水の中に落ち込むという産卵法です。水中にいるヤゴやイモリ、他種のカエル、魚などに捕食されないようにオタマジャクシになってから水中に落ちると考えられていますが、泡を栄養に少し成長してから池に落ちるという報告もあります。

アマミアオガエルは体を平たくして腹部を濡れた路面に付け、皮膚から給水している姿をよく見かけます。水が嫌いで口から水を飲むのも嫌だと言っているようでほほえましい姿です。アオガエルのオタ

アマミアオガエルのメスは7cmほどもある

マジャクシも本当は水が嫌いで、少しでも水中に入るのを遅らせようとして泡の巣に行きついたのかもしれません。12月頃から4月頃まで、クリリリ、クリリリと聞こえる鳴き声は、山でも、畑でも、住宅地でも聞こえます。

世界に3種しかいないカジカガエル

リュウキュウカジカガエル

　カジカガエルは世界に3種だけが生息しています。日本本土の清流に生息するカジカガエルと台湾の渓流に生息するムクカジカガエル、そして、トカラ列島から南の南西諸島と台湾の平地に生息するリュウキュウカジカガエルです。遺伝的には2～3千万年くらい前に分化したという報告があります。南西諸島ができるよりずっと前にこの3種は分化していたという謎のカエルです。

　リュウキュウカジカガエルは林内であれば広い川原や日当たりの良い道路周辺に多く、耕作地、住宅地、海岸にも多い身近なカエルです。池、水たまり、スイレン鉢、鉢皿など水が溜まっていれば何にでも産卵します。雄は雌より明らかに小さく繁殖期には光沢のある黄金色に変身します。繁殖期は春から秋までで、ギュリリリリリ、ギュリリリリリリとにぎやかに鳴きかわしています。

水たまりに集まるアマミアカガエル

アマミアカガエル

　アマミアカガエルは森林のカエルですが地上で生活しています。住宅地や耕作地で見かけることは稀です。体色は赤褐色から淡い褐色まで濃淡に個体差があります。鼻から頬、眼球、鼓膜の後ろまで伸びる黒褐色の濃い帯が特徴です。さらに、眼球上端から鼓膜の上部、体側上部から腰部まで伸びる体側線の隆起部が目立つことにより、体形が角ばりスマートに見えます。

　徳之島では冬期に林道の水たまりや側溝のたまり水、小さな沢のよどみなどに集合して産卵します。その周りには、カエル食いのヒメハブが集まっているのをよく見かけます。鳴き声はキュッキュッケッキなどと聞こえる小さな声です。

のんびりした動きのヌマガエル

ヌマガエル

　ヌマガエルは本州、四国、九州、薩南諸島、奄美群島、沖縄諸島久米島まで分布している本土との共通種です。本土では、水田、湿地河川周辺に生息する農村では最もなじみ深いカエルですが、南西諸島では水田が消えていることも重なり、住宅地や畑に生息しています。奄美大島では30年くらい前までは学校敷地や庭で見かける蛙でしたが、その後激減しほとんど見かけることがなくなりました。徳之

島では琉球石灰岩地域の学校敷地や庭、耕作地でよく見かけるという印象があります。

　行動はのんびりしていて、大きくジャンプすることもないし、夜間でもゆっくり移動します。南西諸島のカエルの中では驚くべきのんびり屋さんです。体形もふっくらした体型に細くて短い前肢、後肢という印象です。鳴き声はギャゥギャゥギャゥギャゥと早口に聞こえます。

鳴き声が大きいハロウェルアマガエル

ハロウェルアマガエル

　ハロウェルアマガエルは奄美群島では森、耕作地、住宅地、どこにでもいる感じのカエルですが、沖縄では沖縄島北部と伊平屋島にだけ生息しています。しかし、本土のアマガエルのようにガラス窓にくっついているようなことはないので、あまり見かけないカエルなのかもしれません。

　繁殖期は春から初夏で、小さな池や水たまりに産卵します。水田などでは多数のハロウェルアマガエルが集合して、話し声も聞こえないほどの大合唱を繰り広げます。鳴き声はゲーコーゲーコーゲーコーと小さな体に似合わぬ大声を出します。アマガエルの名のとおり、雨が降りそうなときに樹木の上部から大きな声が聞こえます。鳴き声は繁殖期に限らずほぼ一年中聞こえています。

体長2、3cmほどの小さなヒメアマガエル

ヒメアマガエル

　奄美大島以南の南西諸島から台湾、アジア南部に広く分布する小型カエルです。森林から耕作地、住宅地、海岸部まで広く生息していますが、物陰に隠れていることが多く見かけることは少ないカエルです。

　体型は頭部が小さく口吻が突き出ていて後肢が大きく長いのでひし形のように見えます。小さな体に似合わず、長い脚で大きくジャンプして逃げ隠れますが、水路の集水升にずらりと並んでいることもあります。

　池や深めの水たまりに産卵します。幼生（オタマジャクシ）は水底に降りることはなく中層を浮遊生活しています。体は透明で内臓が透けて見えているうえに、背面には金箔を撒いたような模様もあるという凝りようです。目は左右に遠く離れていて他種のオタマジャクシとは大きく異なります。鳴き声はカカカ、ケケケの繰り返しです。落ち葉の下や石の下、穴の奥など目につかない奥の方で鳴いていることが多いのでこもった音に聞こえますが、小さな体に似合わず大声で鳴きます。

V　昆虫類

代表的な徳之島に固有の昆虫について記します。

甲虫類

ヤマトサビクワガタは徳之島と鹿児島県佐多岬に記録がある珍しい小型クワガタですが、佐多岬ではもう長いあいだ記録されていません。ほぼ徳之島固有種の状況です。体表の微毛に土の粉が付着して茶色の粉を吹いたように見える地味な小型クワガタですが、独特な可愛らしさがあります。

トクノシマノコギリクワガタは赤褐色を帯びています。アマミノコギリクワガタの亜種とされていますが、奄美産に比して背面がつややかで、雌の背面のぶつぶつした点刻も弱く見えます。

トクノシマヒラタクワガタにも奄美産の亜種に比して背面の縦縞を形成する点刻が目立たないというノコギリクワガタと共通する特徴があります。なぜか、与路島産のヒラタクワガタやノコギリクワガタは徳之島産によく似ていると言われています。同じように、植物にも与路島のアマミテンナンショウと徳之島固有種のオオアマミテンナンショウはそっくりです。テンナンショウ分類の専門家によると限りなくオオアマミに似たアマミテンナンショウなのだそうです。

マルダイコクコガネ徳之島亜種はアマミノクロウサギやリュウキュウイノシシの糞（ふん）を好む糞虫です。後翅は退化して飛ぶことはできません。外見上では奄美大島亜種との間に違いは見えません。

アマミハンミョウは奄美大島では赤銅色に見える暖色系の体色をしていますが、徳之島産は藍色から青緑色の寒色系です。体色は真反対ですがどちらも甲乙つけがたい美しいハンミョウです。

トクノシマキマワリというアマミキマワリの徳之島固有亜種もいます。

トクノシマノコギリクワガタ

トクノシマヒラタクワガタ

マルダイコクコガネ

アマミハンミョウ

リュウキュウハグロトンボ

トクノシマトゲオトンボ

トンボ類

　徳之島には奄美大島・徳之島・沖縄北部に生息するカワトンボ科のリュウキュウハグロトンボをはじめ、イトトンボ科やヤンマ科、エゾトンボ科など多くの種類のトンボを見ることができますが、トクノシマの名前を持つものとしてはトクノシマトゲオトンボだけです。

　トクノシマトゲオトンボは、リュウキュウトゲオトンボからアマミトゲオトンボを経てアマミトゲオトンボの徳之島固有亜種になりました。薄暗く細い流れのある源流域のような場所に生息する小さなトンボですが、撮影してみると赤橙色の肢や黒い翅脈がとても粋な感じに見えます。

　ほかにも、トクノシマオオアブや、トクノシマケシカミキリ、トクノシマチビマルハナノミなどのように種名にトクノシマを冠した種もありますが、奄美大島との共通種です。

陸棲貝類

　徳之島の陸棲貝類（カタツムリの仲間）にはトクノシマの名を冠したものが 10 種類以上あります。ほとんどが徳之島固有種か固有亜種です。環境省のレッドデータリストで絶滅危惧Ⅰ類に指定されているものだけでも以下のようになります。

　キセルガイ科のトクノシマギセル、トクネニヤダマシギセル、トクノシマツムガタノミギセル、ナンバンマイマイ科のトクノシマヤマタカマイマイ、トクノシマビロウドマイマイ、トクノシマケハダシワクチマイマイ、オナジマイマイ科のトクノシマオオベソマイマイなどが絶滅危惧Ⅰ類の希少な固有種です。美しい模様を描くものや、透明感のある緑色、細かい毛の生えたもの、荒っぽい毛の生えたものなどカタツムリの殻は個性に満ちています。

トクノシマヤマタカマイマイ

　トクネニヤダマシギセル

トクノシマケハダシワクチマイマイ

2．サンゴ礁域の生き物と人々の暮らし

　徳之島は奄美群島のほぼ中央に位置し、鹿児島本土よりも沖縄本島にやや近く、亜熱帯性気候に属する海洋性の島です。海水温は南方から島の近海を北上する黒潮暖流の影響をうけて、年間の平均水温が 20 度を下回ることも少なく、サンゴの生育適正温度（25℃〜28℃）域にあたることからサンゴの生育に適している地域になります。

　奄美群島でも本島に次いで2番目に大きな徳之島の周囲は 89ｋｍ余りあって、徳之島町・伊仙町・天城町の三町により構成されています。

　主に造礁サンゴに囲まれた島の東側（徳之島町）は太平洋に面し、比較的穏やかな遠浅になっていて、干潮時には大小のタイドプール（潮だまり）が出現します。そこには環境に適応したハマサンゴや、スコモサンゴのマイクロアトール（円柱型のサンゴ）や原色豊かな熱帯魚を間近で観察することができます。

　一方、西から北西にかけての東シナ海側は、季節風等により荒々しく切り立った隆起サンゴの断崖（伊仙町・犬田布岬）や、波の浸食作用で生み出された退化サンゴの奇岩（天城町・犬の門蓋）が眺望できます。また、天城町の北部には、およそ 6,000 万年前にマグマが深層で

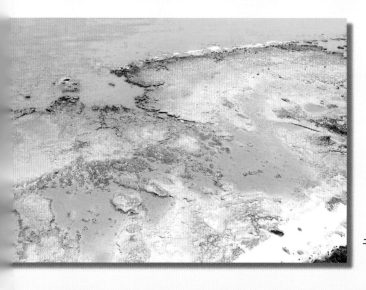

干潮時に大小のタイドプールが出現する諸田

花崗岩が広がるムシロ瀬

冷え固まった白っぽい花崗岩がムシロを敷き詰めたようで、その異彩な景観（天城町・ムシロ瀬）は南西諸島でも徳之島でしか見られません。また徳之島の変化に富んだ海岸景色の美しさは、観光資源としてもたいへん価値が高いものです。

他にも、伊仙町の瀬田海海浜公園・喜念浜海浜公園、天城町の与名間海浜公園・千間海岸、徳之島町の畦プリンスビーチ海浜公園・手々海浜公園と生物観察を楽しめる自然公園があります。

島のサンゴと浅海域の生き物

造礁サンゴ

サンゴはイソギンチャクやクラゲの仲間で刺胞動物に分類され、サンゴ礁はサンゴによってできた地形にあたります。

世界には約 800 種類以上ものサンゴが存在し、その中でも日本の南西諸島には約 200 種類以上のサンゴが確認されています。中でも、徳之島の周囲の

海側へ 1 キロも成長した亀津のサンゴ礁

地形を築く多種多様な造礁サンゴは、自らつくり出した石灰質（炭酸カルシウム）の骨格の周りを覆うように住み着いています。体内に取り込んだ褐虫藻が光合成で産した栄養を主に吸収しながら、ポリプの口からも直接プランクトンを捕食して、光合成を有しない他のサンゴよりも比較的早く成長します。そしてサンゴの生命の繰り返しと、石灰藻・貝殻・有孔虫等が長い年月をかけて重層してゆく、その過程が壮大な石灰岩のサンゴ礁（地形）を造り出します。

浅海・深海の光合成を有しない非造礁サンゴ

浅海で光の当たらないサンゴの影、溝、穴には花のように口を開けてプランクトンを捕食するヤギサンゴ・イソバナ類がいます。また、水深 200m 以上の深海で成

ヤギサンゴがプランクトンを捕食する様子
上：口を閉じているとき
下：捕食時の花のように開いた口

コブハマサンゴのマイクロアトール

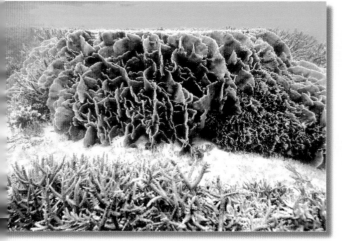

スコモサンゴのマイクロアトール

ハマサンゴ（塊状）。1m成長するのに100年近くかかるといわれている

シコロサンゴ（塊状）

長がもっとも遅く、緻密で堅い骨格を持つモモイロサンゴ・アカサンゴ・ベニサンゴ類は、深海の宝石サンゴともいわれ、とても貴重です。

マイクロアトール

マイクロアトールは小さな環礁のことで、潮の干潮時に海水面から表出してしまう体表部分がだんだん死滅してゆき、水面下ぎりぎりで横方向に平行しながら成長してゆく現象で、ドーナツ型の池に見えます。ハマサンゴ・シコロサンゴ・エダサンゴ等によく見られます。

タイドプール

畦プリンスビーチの大きなタイドプール

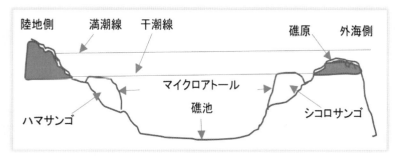

タイドプールの構造概要図

タイドプールは潮の干満により干出時にサンゴ礁の内側に現れる光景で、外礁と言われるサンゴ礁の縁によって外海とはっきり分離されて生じる大小の潮溜まりのことです。外海からの波が遮断され自然のプールになっていて、生き物観察など海のレジャーに最適です。

108

チヂレコモンサンゴ（葉状）

トゲスギミドリイシ（枝状）

ポリプの口

褐虫藻と共生　　　　　　　触手

胃腔

石灰質

サンゴ単体（ポリプ）の構造

ジャノメナマコ

サンゴの役割

　サンゴの隙間、陰、窪みなどが生物のすみかや餌場になり、幼魚の保護礁にもなっています。また、海岸を取り巻くサンゴ礁は、地震による津波や台風などの高波を消波し抑えてくれる天然の防波堤としての役割をも果たしています。

　そして、サンゴはポリプ内に共生する褐虫藻の光合成で海水中の二酸化炭素をより吸収して、海水の浄化と共に多くの酸素をつくりだし体外に放出する働きも持っています。

　現在、地球温暖化の原因の一つといわれている二酸化炭素の削減のためにもサンゴは海中だけではなく地球にとっても欠かせない大切な存在といえます。

サンゴ単体（ポリプ）の仕組み

　サンゴは腔腸動物ともいわれ、食べ物と排泄物が同じ口から出入りする体の構造となっています。

　また、他の腔腸動物とは異なる性質として、ポリプと呼ばれる個体が分裂して群体をつくる特徴があります。群体の骨格の形は、枝状、塊状、テーブル状など、生息場所の環境に応じて様々です。

　生きているサンゴは表面を覆っているだけで、群体の形は石灰質の骨格によって作られます。さらにこの石灰質の骨格がどんどん積み重なってできたものがサンゴ礁（地形）になります。

サンゴの掃除屋

ナマコやヒトデ類

　ナマコやヒトデはウニの仲間です。1匹のナマコが1年間で約10トントラック1台分の砂泥を口から取り入れ、有機物等を吸収しながらきれい

トゲクリイロナマコ

アオヒトデ

マンジュウヒトデ

な砂を吐き出すことで海水浄化にたいへん役立っています。ジャノメナマコやトゲクリイロナマコは奄美以南で見られ体長 30〜40 ㎝になります。ジャノメナマコは干して食用にする地域もあります。

　他に、シカクナマコ・ニセクロナマコ・オオイカリナマコなどがいます。ナマコに触れると白い糸状の粘膜を大量に放出して敵から身を守りますが、うっかり体に引っ付くとなかなか取れないので注意が必要です。

　ヒトデも代表的な海の掃除屋さんです。雑食で砂の有機物から魚などの死骸やオニヒトデのようにサンゴを主食にするものもいます。マンジュウヒトデやクモヒトデ、イボヒトデなど様々な種類がいますが、中でもアオヒトデは奄美以南の海辺に見られる体長 10〜20 ㎝の青く美しい姿が人々の目を楽しませてくれます。オニヒトデは大量に発生するとサンゴ礁の白化現象を引き起こすこともありますが、普段はサンゴ礁の多様性を維持する役目を果たしているようです。ヒトデは水槽の掃除屋さんとしても人気があります。

サンゴ礁に棲む魚たち

　サンゴ礁内には数多くの色鮮やかな魚たちが棲んでいます。なぜこのように鮮やかな色をしているのでしょうか。諸説ありますが、サンゴ礁内に

ミノカサゴ

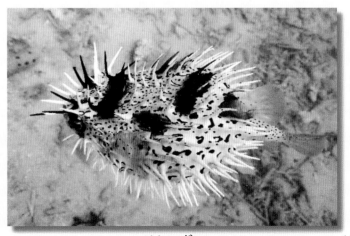

ハリセンボン

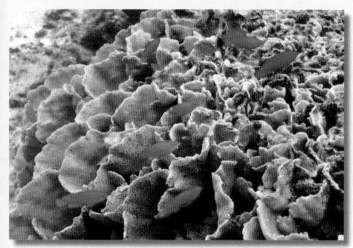

ルリスズメダイ

多彩な海水魚

ノコギリダイ・ヒメジ

は大型の肉食魚がいないことや、礁内は陽が差し込んで明るく色鮮やかなことから、魚たちも繁殖のためにその種ごとに色彩豊かにする必要があるからだろうと言われています。

　よく見られるものとしてミノカサゴやハリセンボン、ルリスズメダイ、チョウチョウウオ、各種のハゼなどがいます。他に釣りの対象魚としてカンモンハタ、ミナミクロダイ、ボラ、アイゴ、ヒメジ、カスミアジなどの魚がいてサンゴ礁内で釣りを楽しむ人をよく見かけます。

貝　類

食用としての貝

　マガキガイはトビンニャ、ティダラなどと呼ばれ、タイドプールや礁池の砂泥に住み、繁殖期になるとかなり浅いところまで群れて寄って来ます。漁の方法は、料理で使うオタマを1m50cmほどの細長い竹の先にくくりつけた道具で一つ一つすくい上げます。塩ゆでなどにして爪楊枝などでほじくるようにして食べます。とても美味しい貝です。

　スイジガイは、手のひらのように張り出し

マガキガイ

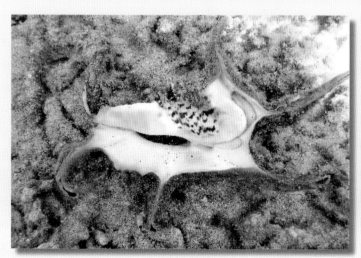

スイジガイ

ヒレジャコガイ

海中のヤコウガイ

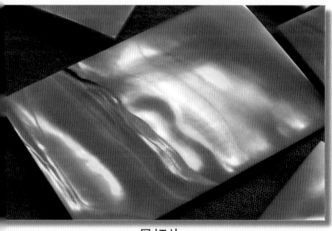
貝切片

た突起部を「水」の字に見立てて、古くから火難防止・魔除けとして大事にされていて、現在でも台所や玄関に飾られているのを見かけます。

　他に、唇のようにふくらんだ外套膜（がいとうまく：体を覆う膜）に褐虫藻を持ち、光合成を行わせて成長するヒレジャコガイ、シラナミガイ、シャコガイ、ヒメジャコガイ等があっていずれも食用になります。

螺鈿（らでん）細工に用いられるヤコウガイ

　20年ほど前、国指定史跡奄美大島小湊フワガネク遺跡からヤコウガイの加工場が発見されました。調査によると7世紀ごろから数百年にわたりヤコウガイの器（貝さじ）を制作し、貝片を螺鈿細工の原料として本土へ出荷していたことが分かりました。当時はたいへんな貴重品であったことから、奈良の正倉院に宝物として残されています。岩手県にある世界遺産「中尊寺金色堂」でも大量にヤコウガイが螺鈿の材料として使用されています。南西諸島の歴史を語るうえで欠かせない貝です。

　なお小湊だけでなく徳之島にもヤコウガイの加工場であったのではないかと思われる場所が数か所見つかっています。

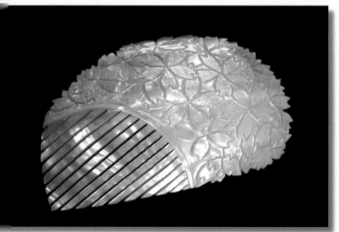
ヤコウガイ工芸品

復元された貝さじ

ワモンダコ

シマダコ

ガンガゼウニ（左）とツマジロナガウニ（右）

カサノリ

タコ類

　ワモンダコは比較的浅いタイドプール内で気に入ったサンゴの穴を棲みかとし、5キロほどの大型に成長します。

　サンゴの巣穴は天然のタコ壺の形になっていて、方言でアネク（宝箱）と呼ばれ大事にされています。

　シマダコは夜行性で咬毒を持つ小ぶりのタコですが、柔らかくて美味しいことからイザリ漁に人気があります（方言でシガリ、シガイと呼ばれているタコです）。

　ほかにヒョウモンダコという猛毒のタコもいます。10cmほどの小型のタコですが、ふぐ毒と同じ神経毒でたいへん危険です。ヒョウ柄の斑紋があるので見つけても触ってはいけません。

ウニ類

　サンゴ礁を歩くとまず目に付くのがガンガゼウニです。棘は30cmほどもあり、細く鋭いため海水浴中に誤って刺されることも多いウニです。殻の表面に目を持っています。このほかにクロウニやナガウニ、ラッパウニ、パイプウニといった種類を見ることができます。食用として最も人気のあるシラヒゲウニは数が減少し、なかなか見ることが難しくなりました。

藻類

　カサノリは奄美群島と八重山諸島に分布する海藻（日本の固有種）です。波静かな海岸やタイドプール内のサンゴなどに冬場に群生します。5cmほどの茎と1cmほどの傘からなり、その姿からカサノリの名前が付きました。食用に

ウミヒルモ

アオサ摘み

青色のイバラカンザシ

橙色のイバラカンザシ

は適さないようです。

　ウミヒルモはジュゴンが好んで食べることで知られています。夏至を迎えるころに花を咲かせます。

　アオサは毎年春になると潮間帯の磯が緑の絨毯（じゅうたん）を敷き詰めたように色彩ります。特に旧暦の3月3日には大勢の人たちがアオサ摘みに出かけます。天日乾燥で保存ができ、天ぷら・味噌汁の具などにするとたいへんおいしく、年間を通して食べられています。

　このほかヤドカリやゴカイ、シャコガイなどのようにサンゴ自体を棲みかにして暮らす生物もいます。

　ゴカイは釣りの餌を思い浮かべることが多いですが、イバラカンザシのように美しいゴカイもいます。棲管（せいかん：棲みか）をハマサンゴなどの骨格に作って、そこからサンゴの表面に色とりどりの花を咲かせます。

　実は花に見えるものは鰓冠（さいかん：呼吸とプランクトンを捕食するエラ）にあたります。横から見ると樹木のように見えることから、英語名で「クリスマスツリー・ワーム」といいます。

　なお、イバラカンザシがサンゴにあけた穴はカンザシヤドカリの棲みかに再利用されているようです。

サンゴの生育環境の悪化

主な要因

　近年、世界各地でサンゴの白化現象が起きて問題となっています。

オニヒトデ

エダサンゴの白化現象

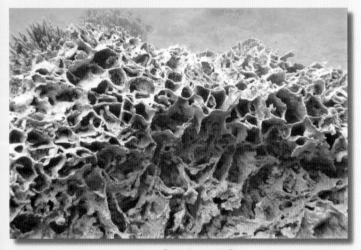

サンゴの白化現象

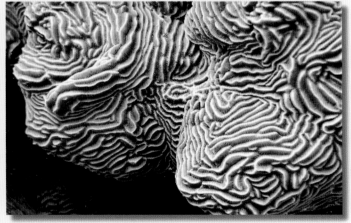

リュウモンサンゴの白化

その原因として考えられているものに、まず自然的要因があります。中でも最も大きなものが温暖化による海水温の上昇問題です。サンゴの白化現象は 1980 年代から始まったと言われています。海水温が平均１度上昇するだけでサンゴは白化現象が起きます。そこへオニヒトデ・シロレイシガイダマシ等による食害やホワイトシンドローム・テルピヨス（黒いカイメン）等による病気が蔓延することで、一層状況は悪化します。

また人為的要因もあります。赤土の流出・生活排水の流入・家畜糞尿の流入・廃棄物ペットボトル等も悪影響を与えていると考えられています。

サンゴの白化現象とは

サンゴは動物でプランクトンを食べ、褐虫藻は植物で光合成をして酸素を出しています。透明度の高い南の海にはプランクトンが少ないため、サンゴは褐虫藻から栄養と酸素をもらう必要がありますが、水温が上がるなどのストレスを受けると褐虫藻が光合成できなくなり、活性酸素を出し始めます。するとサンゴは褐虫藻を追い出してしまいます。このようにしてサンゴの白い骨格だけが残っている状態を白化現象といい、その状態が数か月続くと、光合成によるエネルギーの供給が途絶えて死滅してしまいます。

私たちは、山・川・海と、素晴らしい大自然の恩恵を受けて暮らしています。現在、地球的規模で起こっている二酸化炭素の増大やゴミの海洋大量流出等の諸問題に対して、少しでも低減、削減できるよう努力を怠ってはいけません。

3．徳之島の川や海のエビ・カニ・ヤドカリたち

Ⅰ　徳之島の水環境の特徴

　徳之島には、井之川岳を水源として秋利神川や亀徳川、天城岳を水源とする万田川など多くの河川があります。しかしながら、その多くは小規模で、毎年のように瀬切りを起こすなど、必ずしも水量が豊富な河川とは言えません。

　一方で、河口域を含む島の沿岸域には小規模ながらサンゴ礁域が形成されています。さらに、最近注目されているウンブキのような地下系汽水域（アンキアライン）もあります。これらの水域あるいはその周囲の陸域には、他の地域と同様に多くのエビ・ヤドカリ・カニ類が生息しています（藤田喜久・藤井琢磨；2019、鹿児島大学生物多様性研究会編；2019）。

　本節では、これらエビ・ヤドカリ・カニ類について亀徳川や大瀬川をイメージしながら、その源流から河口域そしてサンゴ礁域（主としてタイドプール）へと、河川を下りながら要所要所に生息する種について解説していきます。

亀徳川上流（夫婦橋付近）

Ⅱ　山間部　－上流域・渓流域－

　一般に"沢"と言われるように、上流域・渓流域の水量はそれほど多くはありません。瀬や淵も小規模ながらありますが、その瀬から淵への移行部分は落差があり、滝のように落ちる景観を示します。したがって、この水域では大きな裸岩が目立ち、川床も転石や小石で覆われています。ハブに注意しながら上流域・渓流域で石の下を調べるとアマミミナミサワガニ、サカモトサワガニ、そしてリュウキュウサワガニの３種のサワガニ類が観察できます。また、エビ類としては、ヤマトヌマエビ、トゲナシヌマエビ、及びヒラテテナガエビの３種のエビ類が主に生息しています（諸喜田　1976、1979；鈴木　2020）。

山間部のカニ

　アマミミナミサワガニ（**図1**）は甲幅30mmになるカニで、甲の側面の前半部である前側縁の眼窩外歯（がんかがいし：眼の収まっている窪みの外縁にある棘）のすぐ後ろに１個のはっきりとわかる歯があります。同時に、この歯の外側から始まる稜線が額（がく）に並行してあります。甲面は平たく、額および側縁に近い面には、顆粒や短い稜線、皺があって凸凹した感じです。オスの第１腹肢（ふくし：腹部を開いた時に目につく長い突起）は太いですがその先端は細くなっています。本種は、徳之島と奄美大島の固有種で、学名の

（図1）アマミミナミサワガニ

（図2）サカモトサワガニ

（図3）リュウキュウサワガニ

Amamiku は奄美群島に由来します。大瀬川や亀徳川では上流域から中流域まで広く分布しています。

サカモトサワガニ（**図2**）は甲幅40 mmに達するカニで、甲面は全体に滑らかで光沢があります。体色には変異があり、生きている時には甲背面、ハサミ脚、歩脚（ほきゃく）とも淡い黄色もしくは薄い黄緑色の個体や、茶色や橙色をした個体がみられます。中琉球に固有の種類で、宝島、奄美大島、徳之島、喜界島、加計呂麻島、沖縄島に分布します。本種は、眼窩外歯後方に不明瞭な切れ込みがあるか、もしくは完全にないことと、オスの第1腹肢が細いことで他のサワガニ類と区別できます。前述のアマミミナミサワガニとほぼ同じ場所に生息しています。

リュウキュウサワガニ（**図3**）は甲幅20mm前後の比較的小型のカニで、甲の中心部以外の背面には顆粒やシワがあり、眼も比較的小さく感じます。また、ハサミ脚の腕節（わんせつ）と掌節（しょうせつ）の上面には小

さくて短い棘が散在します。第3胸脚（きょうきゃく：2番目の歩脚）の指節は中央部が幅広くなっています。オスの第1腹肢はまっすぐに伸び、側面は膨らみません。先端の節は外側に曲がります。前2種よりも水に依存して生活しているようで、陸上まで出てきて活動することはほとんどありません。本種は、アマミミナミサワガニと同じく徳之島と奄美大島の固有種です。しかし、その生息数は他種よりも少なく、生息域も渓流域に偏っているようです。

これらのサワガニ類は、山間の小川や清流、湿地帯の石の下や岸辺に穴を掘って生息し、夜行性で、昼間は石や礫などの物陰に潜み、夜間出てきて活発に餌を食べます。

山間部のエビ

トゲナシヌマエビ（**図4**）とヤマトヌマエビ（**図5**）はヌマエビ科のエビで、第1-2胸脚のハサミの先端に長い毛の束を持っています。この毛の束は、ヌマエビ科エビ類の特徴でもあり、このハサミを使って、岩や転石の表面に生えている藻や、川床に堆積する有機堆積物（デトライタス）などを食べます。

トゲナシヌマエビは体長25-35 mmで、額角（がっかく）※は短く上縁にはふつう歯がありません。下縁には先端近くに0-3個の歯があります。本種の生息域は広く、上流域から中流域、時には下流域まで分布

※ 額角：頭の甲殻から突き出た棘状の突起

（図4）トゲナシヌマエビ

（図 5）ヤマトヌマエビ

（図 6）ヒラテテナガエビ

しています。

　ヤマトヌマエビも体長 30-40 mm で、額角もトゲナシヌマエビ同様に短いです。しかし、その上縁には 13-27 個の歯が密にならび、下縁にも 3-17 個の歯がある点で区別がつきます。また、生きている時のヤマトヌマエビは体側に濃い褐色や赤褐色の縞、または点々模様があり、尾節（びせつ）および尾扇（びせん）の基部には青色の斑紋があります。本種はトゲナシヌマエビと異なり、より上流域、渓流域に分布しており、特に、流れの比較的早い流域の壁面などに生息しています。

　ヒラテテナガエビ（図 6）はテナガエビ科に属し、体長 70-90 mm で、額角は「木の葉状」を示し、上縁には 9-12 個の歯があり、このうち 4-5 個は眼窩（がんか）より後ろの頭胸甲（とうきょうこう）※上にあります。下縁には 2-4 個の歯があります。流れの速い流域から沢などの水量の少ない流域にも生息します。食性は水生昆虫、弱った稚魚や甲殻類などを主とする肉食です。特に、脱皮直後の甲殻類はよい餌のようです。

甲殻類の各部の名称

【写真】

A：テナガエビ類　　　B：カニ類背面図　　　C：カニ類腹面図

D：ヤドカリ類側面図　　　E：ヤドカリ類第5胸脚及び腹部

【脚部の名称】

Ⅰ：第 1 胸脚（ハサミ脚あるいは大鉗脚）、Ⅱ：第 2 胸脚（テナガエビ類ではハサミ脚とも言う）

Ⅲ：第 3 胸脚、Ⅳ：第 4 胸脚、Ⅴ：第 5 胸脚

【腹部の名称】

①：第 1 腹節、②：第 2 腹節、③：第 3 腹節、④：第 4 腹節、⑤：第 5 腹節、⑥：第 6 腹節、⑦：尾節

【体の名称】

1；頭胸部（ヤドカリ類では前甲）、2；腹部、3；尾扇、4；額角、5；第 1 触角鞭状部、6；第 1 触角柄部、7；第 2 触角鞭状部、8；第 2 触角葉片部、9；肝上棘、10；可動指（指節）、11；不動指、12；掌節或いは掌部（前節）、13；腕節、14；長節、15；坐節、16；腹肢、17；基節、18；底節、19；眼窩外歯、20；前側縁、21；後側縁、22；外顎脚（第 3 顎脚）、23；外顎脚外肢、24；眼柄

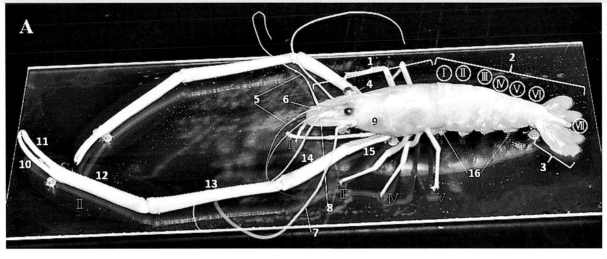

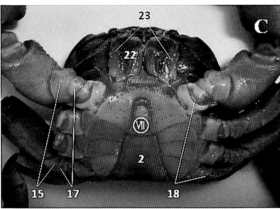

大瀬川中流域

Ⅲ　山間部から集落への移行地域　-中流域-

　一般に、中流域では川の流れが瀬から淵へ移る時に白く波立ちます。川床は上流域と違って、瀬では礫や転石が主となり比較的ガラガラの状態を示しますが、淵では砂が堆積しています。また、両岸にはアシやヨシなどの抽水（ちゅうすい）植物※やカナダモなどの沈水植物がよく生えています。しかし、徳之島では山間部が海に迫っているため、中流域は短く、かつ、上流域に似た様相を示します。

　本島の中流域には、上流域にも分布しているアマミミナミサワガニ、サカモトサワガニ、リュウキュウサワガニの３種のサワガニ類が生息しています。しかし、リュウキュウサワガニは極めて稀で、よく観察できるのは他の２種です。

　ヌマエビ類では、上流域・渓流域にも分布していたトゲナシヌマエビやヤマトヌマエビが見られ、これらに加えミゾレヌマエビとヌマエビが中流域に出現します。テナガエビ類では、同じく上流域に分布していたヒラテテナガエビに加え、ミナミテナガエビやコンジンテナガエビが出現します。

　一方、春から初夏の時期には、抽水植物の根元や沈水植物の間にエビ類の稚エビを多数確認することが出来ます。また、川の流れのある岩陰や岸側の深みなどの流木の下などには成長したテナガエビ類が生息しています。そして、川床に小石や転石が堆積しているところではモクズガニの稚ガニ（図 12）を見つけることもでき

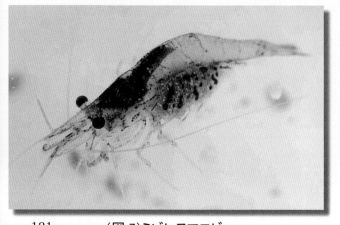

※ 抽水植物：浅い水中に生え、根は水底の土壌中にあり、葉や茎が水面から出ている植物。

121　　（図 7）ミゾレヌマエビ

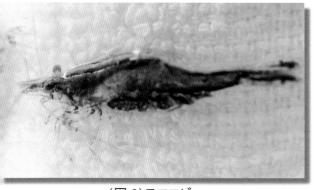
（図 8）ヌマエビ

（図 9）ミナミテナガエビ

（図 10）ミナミテナガエビの横縞模様

ます。

　ミゾレヌマエビ(**図 7**)は体長 20-30 mmの小型種で、生きている時には、背面の正中(せいちゅう)線※上に一本の幅広い黄褐色または灰色がかった褐色の縞があり、腹部の側面には波状の暗褐色の斑紋が見られます。河岸の植物が生い茂るところや岩かげなど比較的流れの緩やかなところに棲んでいます。食性は雑食性で、付着藻類、デトライタス（有機物）、時に小型の動物を二対のハサミを上手に使って食べます。

　ヌマエビ（**図 8**）は体長 20-35mm になり、ヌマエビ類の中でも中型の種です。額角は平たく、長く、その上縁には 16-30 個の歯があり、このうち 2-3 個の歯は眼窩より後ろの頭胸甲上にあります。額角と眼窩の間には眼窩上棘(じょうきょく)があり、これが本種の特徴の一つでもあります。生きている時には、頭胸甲の側面に黒褐色の複雑な形をした斑紋が見られます。

　ミナミテナガエビ(**図 9**)は体長 90-100 mmに達する中型種で、生きている時には、頭胸甲の側面に 3 本の横縞模様が見られ (**図 10**)、簡単に他のテナガエビ類と区別ができます。徳之島の河川で最もよく見られるテナガエビ類の一つです。

コンジンテナガエビ(**図 11**)は体長 90-120mm に達する、大型のテナガエビ類です。額角は刀のように少し前方が反り上がり、上縁には 7-9 個（このうち 2-3 個は眼窩より後ろの頭胸甲上）、下縁には 2-4 個の歯があります。河川のほぼ全域に分布していますが、下流域には小型個体が多く、上流域では大型個体が多く生息しています。

　この中流域、そして次に述べる下流域・河口域は、海と川を行き来する両側回遊型（プランクトンの時期は海で育ち、底生生活の時期は河川で育つ、あるいはその逆の場合も含め、とにかく子供の生育場所と親の生育場所が異なる生活史のことを言います）のエビ類、カニ類にとっては重要な流域の一つです。つまり、繁殖のために川を下るときも、成長した稚エビが川に戻って遡るときも、通過したり留まる流域なのです。

　したがって、時期によって出現する個体の大きさも、また場所も異なります。春から夏に少し流れが緩やかな

（図 11）コンジンテナガエビ

※ 正中線：左右対称形の生物体で、前面・背面の中央を頭から縦にまっすぐ通る線

（図 12）モズクガニの稚ガニ

物陰や、流木の下、あるいは大きめの石の下などを丹念に探すと、体長 90-100 mmに達するミナミテナガエビ、ヒラテテナガエビ、コンジンテナガエビなど大型のテナガエビ類を見つけることができます。多くのメスは卵をお腹に抱いているので、産卵のために下ってきたものと分かります。

　一方、夏から秋に、抽水植物や沈水植物の間をタモ網などで浚うと、体長 20-30 mmのミゾレヌマエビ、トゲナシヌマエビ、ヌマエビ、ミナミテナガエビ、コンジンテナガエビなど多くのエビ類の稚エビを採集することができます。

　これらの稚エビはその年の春から夏にかけて生まれた 0 歳児であり、植物が生い茂ることによって流れが緩やかになると同時に隠れ場としての空間ができる場所に多く集まるようです。

大瀬川下流域

Ⅳ-1　集落地域　-下流・河口域-

　下流・河口域は砂泥質の潮間帯（ちょうかんたい）※の発達するところであり、天城町浅間地先のように、マングローブ林が形成される場所もあります。しかし、徳之島にはマングローブ林は極めて少なく、天城町以外では全く見られません。したがって、ここでは下流・河口域の河岸、川の流れの中心部及び干潮時に水際になる場所に見られるエビ・ヤドカリ・カニ類について説明し、次に、砂泥質

※ 潮間帯：潮の干満で現れたり、消えたりする場所

123

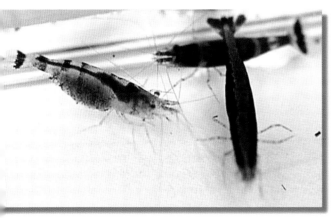

（図13）ヒメヌマエビ

（図14）スネナガエビ

（図15）ケフサイソガニ

（図16）オキナワヒライソガニ

の潮間帯に生息する種について解説し、最後に、集落の周辺陸域に分布する種について説明していきます。

　下流・河口域の河岸には中流域と同じように抽水植物、特に水の流れや塩分に比較的強い種が生い茂っています。そしてこれらの植物の生育により流れの緩やかな環境が作られ、同時に有機物などの餌の供給も十分行われる場が提供されます。一方流心部は、その流れによって細かい泥や砂が海へと洗い流され、川床には礫や転石など比較的粒が大きいものが堆積します。また、海水の干満にも影響され、上げ潮から満潮にかけては塩分が高くなり、下げ潮から干潮にかけては塩分が低下します。このように河口流心部は礫や転石の多い川床に、海水の影響を受けたり受けなかったりする汽水域と言われる場所であります。

　下流・河口域の河岸で抽水植物が生い茂る場所には、ミゾレヌマエビやトゲナシヌマエビも見られますが、最もよく見られるのがヒメヌマエビ（図13）です。ヒメヌマエビは体長10-20mmの小型の種で、額角は比較的長く、その上縁には17-27個の歯が等間隔に並んでいます。これらの歯の内7-8個は眼窩より後ろの頭胸甲上にあります。下縁にも2-9個の歯があります。生きている時の色彩は多様で、全体に赤褐色で、背面正中線上に1本の白っぽい橙色の幅広い帯を持つ個体や、全体に紫色がかった褐色をしていて、頭胸甲や腹節に灰白色の横帯を持つ個体などが見られます。

　一方、抽水植物が繁茂しない砂礫底の河岸ではスネナガエビ（図14）などのスジエビ類、日本に広く分布するケフサイソガニ（図15）や奄美群島以南に分布するオキナワヒライソガニ（図16）が出現します。スネナガエビは体長40mm程度で、テナガエビ類としては小型種です。額角は細長く、上方に強く上向き、上縁には基部近くに4-5個の歯があり、その後先端に向かって歯がない部分が続き、最後に先端近くに1個あります。下縁には5-6個の歯があります。透明な体をして、頭胸甲から腹部にかけ、黒色の細い横縞

（図17）トゲアシヒライソガニモドキ

が見られます。大瀬川の河口汽水域では８月ごろからよく見られるようになります。

ケフサイソガニは、甲幅30 mm前後になる小型の種で、前側縁には眼窩外歯を含め３歯あります。オスはつねにハサミ脚の指部の根元に軟らかい毛の束を備えていて、このハサミ脚の形状が和名の由来でもあります。この軟毛の束はメスにはないためヒライソガニ類と間違えやすいですが、後述するように口の形で区別できます。生きている時には、全体に淡い紫赤色か黄緑色の地に濃い紫褐色の色調を示します。また、歩脚には横縞はありません。ケフサイソガニは河口転石帯でもより淡水の影響を受け、かつ泥質底に多く生息する傾向があります。

オキナワヒライソガニは、甲幅 24 mm前後のケフサイソガニより若干小さめの種で、甲の形はケフサイソガニに似ますが、背面が著しく扁平になる点で異なります。この甲の形状が和名の由来でもあります。生きている時には淡い褐色、茶褐色、青灰色の地に青紫色の点が散在します。

（図18）ケフサヒライソモドキ

オキナワヒライソガニは、ケフサイソガニと同じような潮間帯の砂地の岩や転石の下に生息しますが、ケフサイソガニよりも砂礫質の底質に生息する傾向があります。余談になりますが、ケフサイソガニやオキナワヒライソガニの腹部には度々寄生生物のフクロムシ類が観察されます。この寄生が起こると、オスの形態や行動がメスと似て来ることが報告されています。

下流・河口域の流心部では、サワガニ類は出現せず、トゲアシヒライソガニモドキ（図17）、ケフサヒライソモドキ（図18）、タイワンヒライソモドキ（徳之島での優占種：図 19）などのヒライソモドキ属のカニ類が主流となります。つまり、河岸寄りの転石や岩の下にはケフサイソガニやオキナワヒライソガニが、川の流れの速い礫の下にはヒライソモドキ属のカニ類が礫と礫の間に身を潜めるようにして生息しているのです。

また、春先になると他の流域と同じようにモクズガニの稚ガニも一時的に見られますし、稀に、オオヒライソガニ（図 20）も見つけることができます。

また、徳之島の大瀬川や亀徳川では、環境省の

（図19）タイワンヒライソモドキ

（図20）オオヒライソガニ

（図21）カワスナガニ

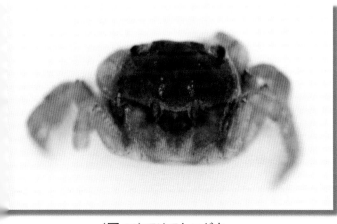

（図22）アリアケモドキ

（図23）トゲアシヒライソガニモドキの足

レッドデータブックで準絶滅危惧種に指定されているカワスナガニ（**図21**）も多数生息しています。絶滅が危惧されているアリアケモドキ（**図 22**）も稀に見つけることができます。

　タイワンヒライソモドキは甲幅10㎜の小型種で、甲はほぼ平坦、オスのハサミ脚両指の根元には長い軟毛の房があります。この軟毛は水中で見るとハサミの外側に大きく出ていて、まるで飾りのポンポンのように見えます。

　ケフサヒライソモドキは甲幅12mm程度の種で、甲は前種同様平坦で滑らかです。眼窩外歯後方には２つの切れ込みがあり、眼窩外歯を含め3歯が認められますが、第3歯は小さく不明瞭です。前種同様ハサミ脚両指の基部に軟毛の束があり、同様の毛は体側面からハサミ脚、歩脚長節（ちょうせつ）前縁（ぜんえん）にかけても見られます。

　トゲアシヒライソガニモドキは甲幅20㎜の種で、タイワンヒライソモドキに似ていますが、歩脚長節後縁に複数の棘を持つ（**図 23**）ことで容易に区別できます。

　カワスナガニは甲幅10㎜程度の小型種で、丸みのある六角形の甲を持ち、甲面は平たく、前側縁には２つの痕跡的な切れ込みがあります。この切れ込みから横に走るものを含め浅い溝が数本見られます。ハサミ脚と歩脚は共に短く感じられます。

　アリアケモドキは甲幅17㎜程度の種で、甲は横長の六角形を示し、甲背面中央には明瞭な稜（りょう）線※が見られます。北海道から沖縄まで報告されていますが、遺伝的には３つの個体群に分かれることが知られています。奄美群島の個体群はその１つであると言われています。

　オオヒライソガニは甲幅50㎜になる種で、甲は著しく平たくなり、やや前方に広がった丸みのある四角形を示します。額が広く、板状に突き出しているのが特徴の一つです。前側縁には３つの歯があり、第3歯の後ろから稜がはしって後側縁との間に小さな面を作ります。歩脚は平たく後縁には長い

※ 稜線：隆起して長く伸びた部分

（図24）ヒライソガニの顎

（図25）モクズガニの顎

（図26）ケフサヒライソモドキの顎

（図27）モクズガニ

毛が生えていて、これを巧みに使って滑るように泳ぎます。

　ところで、河口域流心部に出現するカニ類の多くは、ハサミに軟毛の束を備えていて、時に種の同定を間違えることがあります。また前述したようにケフサイソガニとオキナワヒライソガニのメス同士では、区別が難しいこともあります。しかしながら、外顎脚（がいがっきゃく：口の一番外側に位置している部分、第3顎脚とも言います）の形状で区別することができます。すなわち、外顎脚の坐節（ざせつ）と長節との融合線が斜めになっている（**図24**）のはヒライソガニ属で、その他のカニ類は水平になっています（**図25**）。また、外顎脚の外肢（がいし）が坐節よりも幅広い（**図26**）のはトゲアシヒライソガニモドキ属、ヒラモクズガニ属、ヒライソモドキ属のカニ類で、幅が狭い（**図25**）のはモクズガニ属、イソガニ属、オオヒライソガニ属です（鈴木・成瀬、2011）。

　河口域は前述したように海水の影響を受けますが、この海水の影響の強弱は河口域に生息するカニ類の分布に微妙に影響しています。タイワンヒライソモドキやトゲアシヒライソガニモドキは、塩分の高い感潮（かんちょう）域※の海側で、かつ、砂礫など比較的粒子の大きな底質のところに生息します。

　モクズガニ（**図27**）は山太郎ガニとも呼ばれ、とても馴染みのあるカニです。その形態はあえて記述しませんが、生活史について若干述べさせていただきます。本種は、秋に子供（ゾエア幼生と言う）を産むために河口汽水域に降りてきて、ここで交尾産卵し子供を孵化させます。孵化した子供は海域に分散し、そこでメガロパ期※まで成長し、河川に戻ってきて着底します。河川に戻ってきたメガロパは河口汽水域や下流域の礫、転石帯で稚ガニへと変態成長します。春先になると河口域の流心部や下流・中流域の礫や転石の下にモクズガニの稚ガニを多く見ることができるのはこのためです。

※ 感潮域：潮の干満の影響を受ける流域
※ メガロパ期：幼生期で浮遊生活から底生生活への移行期

大瀬川河口域

Ⅳ-2　集落地域　-砂泥質干潟-

　干潟には、河川の河口周辺に形成される河口干潟と、河川のない海岸線に形成される前浜干潟があります。多くの海岸線ではこれらの干潟が規模の違いはあっても組み合わさって形成されています。徳之島には、天城町浅間地先の島内唯一のマングローブ林とそれに続く砂質干潟を除き、沖出しの規模はそれほど大きくはありませんが、サンゴ礁原※の形成されている海岸線には砂質の前浜干潟が形成され、大瀬川（亀津）や名田川（井之川）の河口域には、マングローブ林の底質と似た砂泥底の河口干潟が形成されています。

　これらの砂質干潟や砂泥質干潟をよく観察すると、スナガニ類やイワガニ類が生息していることに気づきます。スナガニ類としては、リュウキュウコメツキガニ、ヒメカクオサガニ、オキナワハクセンシオマネキ、ヒメシオマネキ、ルリマダラシオマネキ、ベニシオマネキなどが見られ、イワガニ類としては、ミナミヒライソモドキやコイワガニがよく見られます。また、オウギガニ類のセビロオウギガニやワタリガニ類のフタバベニツケモドキも観察できます。

　リュウキュウコメツキガニ**（図 28）**は甲幅 8mm ほどの小型種で、従来、南西諸島の島嶼（とうしょ）に生息するコメツキガニと同種と考えられていました。しかし、2010 年に沖縄島、石垣島の標本を基に創設された琉球列島固有種です。眼窩外歯や鉗脚（かんきゃく）の可動歯中央の歯及びオスの腹部の形態などでコメツキガニと区別できます。しかしながら、形態的違いは十分注意して観察する必

※ 礁原：礁池と礁嶺を含むサンゴ礁全体。リーフともいう。

（図 28）リュウキュウコメツキガニ　128

（図 29）ヒメカクオサガニ

（図 30）オキナワハクセンシオマネキ

（図 31）ヒメシオマネキ

（図 32）ルリマダラシオマネキ

要があります。摂餌（せつじ）行動や個体間行動などはコメツキガニに酷似し、干潮時になると巣穴から出てきて、巣穴を中心に食事をします。そして、干潟表面に堆積した有機物や珪藻（けいそう）などを左右のハサミを使って砂と一緒に口に入れ、食べられない砂粒だけを集めて丸め、口から吐き出します。亀津地域の大瀬川河口干潟などに生息しています。

ヒメカクオサガニ（**図 29**）は甲幅 10mm に満たない小型種で、甲はほぼ四角形をしており、甲面は滑らかです。チゴガニに似ていますが、眼柄（がんぺい）※が太く短いこと、眼窩外歯の後ろに明瞭な切れ込みがあること、ハサミ脚の掌部（しょうぶ）が幅広くて短いことで区別できます。他のオサガニ類が河口域の泥底に巣穴を掘って生活しているのに対し、本種はサンゴ礁原上を自由に歩いて生活しています。徳之島のサンゴ礁原でも普通に見られますが、小型で底質の色と同じ色彩を持っているので、注意深く探さないと見過ごしてしまいます。

オキナワハクセンシオマネキ（**図 30**）は甲幅 20 mm 前後の種で、ハクセンシオマネキに酷似しますが、甲背面に複数の黒色帯があること、オスの第一腹肢の形状と大鉗脚の不動指（ふどうし：大きい方のハサミの下半分）の先端近くに明瞭な歯が形成されることで区別できます。奄美大島以南の琉球列島から報告されていて、徳之島では、天城町浅間地先の干潟、手々（てて）海岸の河口干潟や井之川集落の泥干潟などに生息しています。

ヒメシオマネキ（**図 31**）は甲幅 17 mm になる種で、オスの大鉗脚の不動指が橙色を呈しますが（**図 38**）、甲の色は黄白色、青灰色、茶褐色と様々です。近縁種にはミナミヒメシオマネキ（先島諸島の干潟から報告）や、ホンコンシオマネキ（日本では宮崎県から報告）がいて、従来報告されていたヒメシオマネキの分布については今後調査が必要と思われます。オキナワハクセンシオマネキと同所的に生息しています。

ルリマダラシオマネキ（**図 32**）は甲幅 25mm 程度になる種で、眼と眼の間の額は狭く、前方に行くに従い若干

※ 眼柄：眼と頭部をつなぐ部分のこと

（図33）ベニシオマネキ

（図34）ミナミヒライソモドキ

（図35）コイワガニ

（図36）セビロオウギガニ

広くなるか、ほぼ同じ幅です。甲背面は鮮やかな瑠璃色に黒色の大小様々な斑ら模様があり、オスの大鉗脚の掌部は全体的にオレンジ色を呈し、濃い橙色の多数の顆粒もあります（**図39**）。井之川集落の泥干潟や天城町浅間地先の河口泥干潟に生息しています。

ベニシオマネキ（**図33**）は甲幅16mmになる種で、額は幅広く、前方に行くに従い幅が狭くなります。オスの大鉗脚は美しい紅色をしていて、甲面や歩脚も同じ紅色を示す個体もいますが、多くのオスは青と黒の斑模様を示しています。一方メスでは多くの個体で全身きれいな紅色をしています。

ミナミヒライソモドキ（**図34**）は甲幅10mm程度の小型の種で、甲は前方に広くなっていて、後方では強く狭まっています。額は中央で窪み丸く2葉に分かれ、眼窩外歯は外側から覆いかぶさるように位置します。前側縁は眼窩外歯を含め3歯有りますが、眼窩外歯が最も大きく、第3歯は小さいです。甲面は平たく、オキナワヒライソガニに似ますが、第3顎脚の長節と坐節は横の線で関節している点で区別できます。鉗脚掌部の内面には長い毛の房が有ります。波あたりの静かなイノー（礁池（しょうち））の潮間帯上部の転石帯に生息しています。

コイワガニ（**図35**）は甲幅15mm程度の種で、甲の前側縁はほぼ平行で、切れ込みや歯はありません。甲面には斜めに走る条線があります。甲及び歩脚は、白と暗緑色の斑ら模様になっていて、全体に美しい色彩を示します。大瀬川や亀徳川の河口汽水域の礫や転石の混じるところに生息しています。

セビロオウギガニ（**図36**）は甲幅35mmになる種で、甲は著しく横に長い楕円形を示し、甲面は平らです。額は2葉に分かれ、前側縁には小さな切れ込みが3つあります。井之川集落を流れる河川汽水域近くの転石の下や多くのサンゴ礁原の潮間帯上部の転石帯に生息しています。

（図37）フタバベニツケモドキ

（図38）ヒメシオマネキ

（図39）ルリマダラシオマネキ

フタバベニツケモドキ（＝フタバベニツケガニモドキ）（**図37**）は甲幅30mm前後のワタリガニ科のカニ類としては小型の種で、額は２葉に分かれ、その前縁はまっすぐに横に走ります。前側縁には５歯あり、第４歯が最も小さく、第５歯も小さいです。サンゴ礁原に普通に見られ、干潮時などに転石の下などに隠れています。

金見崎などのように、河川がないあるいは河川の影響が極めて弱い前浜干潟では、スナガニ類のツノメガニ（**図40**）、（ホンコンスナガニ）やミナミスナガニ（**図41**）を見ることができます。２（３）種とも飛沫帯の砂浜やそれに隣接する植生帯に巣穴を掘って生息しています。

ツノメガニは甲幅35mmになる種で、甲は白色に甲後半面に暗褐色の帯状斑紋が一対あります。成長したオスの眼の先端には眼柄とほぼ同じ長さの角のような突起がありますが、メスや小型の個体ではこの突起は小さいです。薄暮の夕方から夜間に巣穴を出て摂餌活動などをします。動きが速く、驚いて逃げるときには影だけが動いているように見えるので、ゴーストクラブという英語名を持っています。

ミナミスナガニは甲幅20mm程度の種で、甲は生息地の底質の色に似て淡褐色や灰褐色を示します。鉗脚は左右で大きさが異なります。前述のツノメガニと違って、昼間も巣穴から出て活動をすることもありますが、動きはとても速いです。

（図40）ツノメガニ

（図41）ミナミスナガニ

金見の里道

Ⅳ-3　集落地域　-内陸部-

（図42）ムラサキオカヤドカリ

　多くの集落は海岸線近くに作られていて、その内陸部は山が迫っています。この内陸部には主としてオカヤドカリ類、オカガニ類及びカクレイワガニ類が生息しています。飛沫が届く飛沫帯や、その後背に位置するアダンの茂みなどの植生帯には、ムラサキオカヤドカリ（**図42**）、ナキオカヤドカリ（**図43**）が、そして、少し山側の陸域にはオカヤドカリ（**図44**）が生息しています。

　オカヤドカリ類は日本国内に6-7種いるとされていますが、徳之島には1987年の緊急調査では2種とされていました。しかし、残念なことに詳細は不明でした。本種は国指定の天然記念物のため採集調査には許可が必要です。その許可（元受文庁第4号の733）を令和元年9月20日に取得して分類学的調査をした結果、徳之島には3種生息していることが分かりました。種の区別は、眼柄下部の色彩（**図45**）、大鉗脚の掌部上縁に毛の束が列生するか（毛束列（もうそくれつ））、掌部上面に斜めに列んだ顆粒（斜向顆粒列（しゃこうかりゅうれつ））があるか（**図46**）、掌部外面に顆粒が散在するか、第2触角（しょっかく）基部の形態（**図47**）や、第5胸脚の底節にある突起の形態（**図48**）などで区

（図43）ナキオカヤドカリ

132

(図44)オカヤドカリ

別されます。

　ムラサキオカヤドカリは前甲長(ぜんこうちょう；頭胸甲の前半分のところで比較的硬い部分の長さ)が24mmになる比較的大型の種で、眼柄は側扁(そくへん)※し白色で、下部には黒色部分はないか、極めて薄いです。左側のハサミ脚が大きく、その掌部上縁には毛束列があり、掌部上面には斜向顆粒列があります。そして、掌部外面の他の部分はまばらに顆粒がありますが、概ね滑面を示します。また、掌部下縁の中央には凹みがあります。オスの第5胸脚の底節にある突起は右側が非常に長く左側に湾曲しています。体色は青色や紫色を示しますが、小型個体では白色や淡い黄色を示す個体が多いようです。

≪徳之島に棲息する3種のオカヤドカリ類の眼柄≫

(図45-1)ムラサキオカヤドカリ

(図45-2)ナキオカヤドカリ

(図45-3)オカヤドカリ

　ナキオカヤドカリは前甲長が14mm程度の中・小型の種で、眼柄は側扁しその下部には不連続な黒色部分があり、この点は前種と違う所です。本種も左側のハサミ脚が大きく、掌部上縁には毛束列があり、その外面には斜向顆粒列があります。これらの点では前種と似ていますが、掌部下縁の中央がわずかに丸い点では異なります。また、オスの第5胸脚底節の突起は左右ほぼ同じか、右側がわずかに長いという点でも前種と違います。体色は色彩に富んでいて、茶褐色、灰色、灰緑色、赤褐色、青紫色など様々です。

　オカヤドカリの前甲長は20mm程度で、ムラサキオカヤドカリと同じく比較的大型の種です。眼柄は強側扁し、その下部または全体が黒色を示します。この点は前2種と異なるところです。本種も前2種と同じく左側のハサミ脚が大きく、掌部上縁には毛束列がありますが、その外側には斜向顆粒列

≪3種のオカヤドカリ類のハサミ≫

(図46-1)ムラサキオカヤドカリ

(図46-2)ナキオカヤドカリ

(図46-3)オカヤドカリ

はありません。また、外面全体に顆粒が散在し触るとざらざらした感じで、下半部に青味がかった褐色の斑があります。掌部下縁の中央は膨らみ、その後方は若干張り出すように見えます。両指は白色です。オスの第5胸脚底節の突起は短く左右同じ長さです。体色は濃い褐色や赤褐色を示します。

≪3種のオカヤドカリ類の第2触角基部≫

（図47-1)ムラサキオカヤドカリ　　　（図47-2)ナキオカヤドカリ　　　（図47-3)オカヤドカリ

≪3種のオカヤドカリ類の第5胸脚の底節にある突起≫

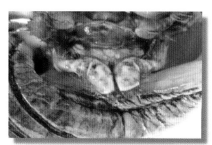

（図48-1)ムラサキオカヤドカリ　　　（図48-2)ナキオカヤドカリ　　　（図48-3)オカヤドカリ

普段、オカヤドカリ類は日中の日差しが強く気温が高い時間帯には、岩陰、岩の亀裂やアダン林中の落ち葉などの湿り気がある日陰に身を隠しています。また、大型のムラサキオカヤドカリやオカヤドカリは土中に巣穴を掘って昼間は巣穴内にじっとしています。日が陰り、気温も下がると岩陰や草陰、あるいは巣穴から出てきて餌を摂ったり水分補給をするのです。オカヤドカリ類は雑食で、熟したアダンの実や動物の死骸などを食べますが、畑地などに堆肥として捨てられた残飯などを食することもあります。

海岸線や防波堤の内側、あるいは人家近くの内陸部ではオカガニ類とカクレイワガニ類も生息していて、海岸に比較的近い地域にはカクレイワガニ（**図49**）とオオカクレイワガニ（**図50**）の2種が生息しています。さらに内陸部に入るとオカガニ(**図51**)が生息しています。

（図49)カクレイワガニ　　　（図50)オオカクレイワガニ稚ガニ　　　（図53)カクレイワガニの長節内縁の
　　　　　　　　　　　　　　　　　　　　　　　　　　　　　　　　　　　葉状突起

134

（図51）オカガニ

（図52）オカガニの口器周辺

オカガニは口の両外側に短毛を密生させていることで他種と容易に区別できます（**図52**）。また、カクレイワガニ類は鉗脚の長節内縁に顕著な葉状（ようじょう）突起（**図53**）を持っていることで区別できます。

彼らは樹木の根元や隆起礁原の間隙などを利用しながら、土中に巣穴を掘って穴居生活を送っています。

諸田の磯

Ⅳ-4　集落地域　-磯やサンゴ礁原-

磯やサンゴ礁原には多様なハビタット（生息域）が形成され、それらを利用する多くのエビ・ヤドカリ・カニ類が生活しています。

（図54）スベスベケブカガニ

しかし、磯やサンゴ礁原の表面や亀裂のみを利用する、言わば基質、基盤を直接利用して生活する種はそれほど多くはありません。主にイワガニ類のヒメイワガニ、オキナワヒライソガニ、ケフサイソガニ、ミ

（図55）ドメシアガニ

（図 56）クリイロサンゴヤドカリ

（図57）ヒメイワガニ

（図58）ミナミイワガニ

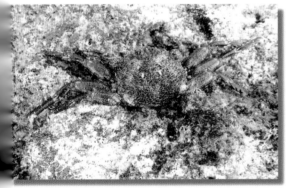

（図59）イボショウジンガニ

（図60）ビロウドアワツブガニ

ナミイワガニやイボショウジンガニ、オウギガニ類のビロウドアワツブガニ、ムツハオウギガニ、セビロオウギガニ、ヒメオウギガニ、スベスベケブカガニ（図54）、ケブカガニ（ケブカオウギガニ）、ドメシアガニ（図55）、ヒメイワオウギガニ、キバオウギガニ、イワオウギガニなどです。

このうちイワガニ類は比較的移動性が強く、磯やサンゴ礁原に定住しているのはオウギガニ類と言えます。また、礁原のタイドプールや礁池（しょうち：島口でイノー）などでは、サンゴヤドカリ類のクリイロサンゴヤドカリ（図 56）やスベスベサンゴヤドカリ、クモガニ類のアシズリツノガニやイソクズガニ、そしてカラッパ類のソデカラッパも見ることが出来ます。

ところで、岩やサンゴ礁の隙間にいるナガウニの棘の間を注意深く観察してください。そうするとナガウニに共生しているシマヤドリエビを見つけることも出来ます。以下に、主だった種について解説します。

ヒメイワガニ（図 57）は甲幅 8mm 程度の小型種で、眼窩外歯は前方に尖りますが、その後方には歯も切れ込みもありません。前側縁から後側縁にかけてまっすぐに強く狭まります。各歩脚の長節後縁末端付近に２歯があります。第４歩脚の長節には後縁基部付近にもさらに１つの小歯があります。磯やサンゴ礁の波あたりの強い海藻やサンゴの隙間などに生息しています。体色は写真のように比較的きれいです。

ミナミイワガニ（図 58）は甲幅 50mm 程度になる種で、甲は平たく、額は前縁がト垂（かすい）し、両側縁は丸みを帯び、前側縁には眼窩外歯の後方に１歯備えるなど、オオイワガニに類似します。しかし、額の幅に対する深さ（厚み）が小さいこと、甲の側縁の側方への張り出しがやや弱いこと、ハサミ脚の腕節内縁の１棘（きょく）が細くまっすぐ尖っていることで区別できます。体色は青みが強く、鉗脚の長節末端や腕節は鮮やかな紫色を示し、指節は青や紫の斑模様になっています。磯やサンゴ礁で活発に活動しています。

イボショウジンガニ（図 59）は甲幅 50mm になる種で、ショウジンガニに似ますが、甲の輪郭がより丸みを帯びていること、甲面には大小の鱗状（りんじょう）突起を密に備えてい

（図61）ムツハオウギガニ

（図62）ケブカガニ

（図63）ヒメイワオウギガニ

（図64）キバオウギガニ

　　（図65）イワオウギガニ

ること、歩脚の長節前縁末端近くに1歯あることで区別できます。また、甲面は鱗状突起に加え、黄色い短毛で覆われます。波あたりの強い礁縁（しょうえん）に生息しています。

　ビロウドアワツブガニ（**図60**）は甲幅30mmになる種で、甲は額と眼窩縁（がんかえん）と前側縁が完全な楕円の弧を描く、すこぶる横に広い楕円形を示し、甲幅は甲長の1.6倍に及びます。前側縁は弱い切れ込みで4葉に区別されます。甲面は全面ビロード状の短毛で覆われ、各甲域には粒の揃った赤みを帯びた小顆粒が毛から現れます。礁縁近くのタイドプールなど、比較的水通しの良いところの転石の下などに生息しています。

　ムツハオウギガニ（**図61**）は甲幅30mmになる種で、オウギガニに酷似しますが、前側縁には眼窩外歯を含めて6歯あることで、容易に区別できます。甲面は明瞭に分画されています。河口干潟の転石帯、磯やサンゴ礁の潮間帯、特に潮間帯上部の石の下やサンゴの隙間などに隠れて生息しています。

　ケブカガニ（＝ケブカオウギガニ）（**図62**）は甲幅20mm前後の小型種で、甲は横長の楕円形で、これらの毛は時に黒色を示すこともあります。イノー（礁池）の潮間帯や、浅い小石や礫が混ざる砂泥底に生息しています。

　ヒメイワオウギガニ（**図63**）は甲幅20mm前後の小型種で、甲は横長の楕円形をしており、前側縁は後側縁よりも短く、棘上の6～7歯があります。甲の前面と側面は小顆粒や毛でおおわれています。鉗脚や歩脚も長毛でおおわれます。体色は淡褐色のまだらで、歩脚に暗褐色の横帯があります。サンゴ礁原のタイドプールなどで活発に活動しています。

　キバオウギガニ（**図64**）は甲幅30mmの種で、甲は横に広い楕円形を示し、額は丸みを帯びた4歯よりなり、前側縁は5歯よりなります。第5歯から甲の中央に向かって1本の溝が走ります。甲面は淡褐色の地に、青味がかった紫色の斑点が集まった左右対称の模様があります。歩脚には甲面同様の青みがかった紫色の縞があります。サンゴ礁原の高潮（こうちょう）線※付近の小さい穴の中などに身を潜め

※ 高潮線：海水面が最も高くなるときの位置

（図66）スベスベサンゴヤドカリ

（図67）アシズリツノガニ

（図68）イソクズガニ

（図69）ソデカラッパ

て住んでいます。

イワオウギガニ（**図65**）は甲幅60mmに達する種で、額は2歯に分かれ、その前縁には棘状の顆粒が並びます。前側縁には棘状の歯が9-11個並び、後方の歯になるにつれて小さくなります。甲面はその前半部には棘状の顆粒が散在し、大まかに分画されています。体色は赤褐色で、眼は鮮やかな赤色で眼柄は白色です。ハサミ脚の両指は白色を示します。キバオウギガニと同じくサンゴ礁原の高潮線付近に生息しています。

スベスベサンゴヤドカリ（**図66**）は前甲長15mmになる小型種で、サンゴ礁原にごく普通に見られるヤドカリ類の1つです。眼柄の基部1／3が青紫色で、先端2／3が赤褐色であること、左ハサミ脚の掌部の前半と指の部分が白いことで容易に区別ができます。

アシズリツノガニ（**図67**）は甲幅40mmに達する種で、甲の輪郭は洋ナシ型で、表面はいぼ状の突起で覆われています。額角は長く、先端は2つに明瞭に分かれています。両眼の付け根の上部には短い棘があります。ハサミ脚は滑面で緑色を呈しますが、歩脚は短い毛で覆われています。甲は全体的に褐色で、イソクズガニのように海藻の破片などをつけています。サンゴ礁域のガレ場やハナヤサイサンゴの樹間に生息しています。写真の個体は稚ガニで、金見崎のイノーの水深50cm程度の死サンゴの樹間で見つかりました。

イソクズガニ（**図68**）は甲幅35mmになる種で、甲面には大小の顆粒が密にあります。額角は左右密着し、その先端はわずかに開きます。眼上棘（がんじょうきょく）は大きく突出し、その後方にはこれよりも小さい眼後棘があります。甲背面や歩脚には先端に巻き毛を備えた顆粒があり、ここに海藻を付着させカモフラージュします。磯やサンゴ礁原の潮間帯に生息します。

ソデカラッパ（**図69**）は甲幅50mmになる種で、甲は山型に盛り上がり、丸みを帯びています。甲前部の表面には大小のコブ状突起が散在し、後部には横溝が走っています。後側縁は大きく側方に張り出し、縁には4つの

（図70）シマヤドリエビ

棘を持っています。ハサミ脚の表面にも大小のコブ状突起が散在します。体色は全体に緑褐色をしています。水深10m以浅の砂底に生息しています。イノー（礁池）の中にもいるので、目を凝らして探してみてください。

シマヤドリエビ（**図70**）は体長10mm程度の種で、常にナガウニ類と共生しています。体型はずんぐりしていて、体の地色は濃褐色で、背面正中線上には、額角の先から尾部まで縦走する乳白色の線が目立ちます。頭胸甲の側面にも淡色の縦帯があります。

また、第1ハサミ脚の背面中央部は褐色で、その前後には黒い小点が散在します。サンゴ礁原の浅場にいるナガウニならば、ほぼ共生しているのが観察できます。ただ、ウニを壊さないように気をつけて観察してください。

湾屋のウンブキ

Ⅴ　地下系汽水域（アンキアライン）

天城町にあるウンブキに代表される地下系汽水域には独特のエビ・カニ類が生息しています。それは、ドウクツヌマエビとドウクツベンケイガニです。徳之島町では、まだその生息が確認されてはい

（図 71）ドウクツヌマエビ

（図 72）ドウクツベンケイガニ

ませんが、徳之島の特徴としてここに記述しました。

ドウクツヌマエビ（**図 71**）は体長 19 mm程度の種で、額角は尖り眼柄よりも長く第一触角柄部(しょっかくへいぶ)第一節を超えますが歯はありません。チカヌマエビ同様眼は退化しますが角膜部に色素はあります。全ての胸脚には外肢があり、体色は鮮赤色を示します。

ドウクツベンケイガニ（**図 72**）は甲幅 20 mm程度の比較的小型の種で、頭胸甲は後方に広がっています。眼は縮小傾向を示し、眼及び眼柄は眼窩に完全に収まります。眼窩外歯は前方に張り出し、その直後の歯との間には深いＶ字状の切れ込みがあります。歩脚は極めて長く、特に第３歩脚は甲幅の三倍近くになります。本種は洞窟性の種で、アンキアライン周辺の陸域に生息しています。

Ⅵ　おわりに

以上のように、約 70 種余のエビ・ヤドカリ・カニ類を紹介しましたが、徳之島にはおそらくこの数倍あるいは十数倍の種はいると思われます。特に、今回あまり記述できなかった、イノー（礁池）の中や礁縁に生息している種は多いと思われます。

現在まで、徳之島におけるエビ・ヤドカリ・カニ類に関する研究は多くありません。むしろほとんど研究されてこなかったと言えます。今回、町史を執筆するにあたり、改めて河川や沿岸部のサンゴ礁原の調査をして、その生物相の豊かさに驚かされました。しかしながら、島民の方々は「かつてはもっと色々な生き物がいた」と言われます。20 数年前の写真集を見るとそう思わせるような風景が多数写されています（加川、2006）。正直もっと早くに調査したかったと後悔の念ばかりです。今回の町史でも、河川域の種としてはほぼエビ・ヤドカリ・カニ類が網羅できたと思うのですが、サンゴ礁域はまだまだ不十分と思っています。特にヤドカリ類、エビ類はもっと多くの種が生息していると思われます。

本書を手にされた町民、島民あるいは島外の方で、エビ・ヤドカリ・カニ類に興味を持たれた方が数人でもいれば幸いです。特に、多くの子どもたちにとって、本書が生まれ育った故郷の自然の豊かさを知る一助になれば、私にとっても嬉しいかぎりです。

金見崎のオカヤドカリ類の繁殖行動

　徳之島町北部の金見地域は全国でも珍しい国立公園内に集落のある地域です。そのおかげで海岸線の護岸も少なく、自然の海辺が多く保存されています。当地で梅雨時期から初夏の間に見られる、オカヤドカリ類の繁殖行動は全国的にも知られていて、6月下旬から8月上旬にかけて彼らの産卵、幼生放出行動が見られます。繁殖期になると多くのオカヤドカリ類が金見崎海岸の岩場の亀裂や影に集まってきて、夜の満潮時を待っています。正直暗がりでこの大群を見るとちょっと異様な雰囲気を感じます。従来は、アカテガニやベンケイガニの繁殖行動と同じように大潮の夜の満潮時に同調してオカヤドカリ類も繁殖行動をすると考えられていましたが、今回観察したところでは必ずしも大潮に限られたわけではなく、むしろ大潮から中潮にかけての数日間が最も多く繁殖行動をするように思われました。

　この期間の薄暮時になると、岩場や植生帯の海側に集まっていたオカヤドカリ類がぞろぞろと波打際に向かって歩いて行き、満潮時まで波打際の近くで待ちます。満潮から潮が引き始める頃、オカヤ

ドカリ類は海の中に入って行って、貝殻を前後させながら幼生を放出します。ただ、波打際ならどこでも良いというわけではなさそうで、幼生の放出は満潮線近くのタイドプール※が多数点在するところで多く観察されました。このことは彼らの繁殖にとって有利と考えられます。つまり、タイドプールですとある程度波があっても比較的海面は静かで、波に煽（あお）られることも少なく十分幼生の放出ができます。また、満潮時から引き始めに放出することで幼生がスムーズに外洋に出て行けることなどが考えられます。しかし、有利なことばかりではありません。自然は残酷なもので、この放出された幼生を捕食するためにチヌやハゼなどの魚類が波打際に集まってきます。よく観察していると、魚たちがオカヤドカリ類の近くで放出されたばかりの幼生をついばんでいる様子も観察できます。自然の優しさと厳しさの両面を垣間見た感じです。

※ タイドプール：潮だまりのこと

第4章　徳之島の自然を守るために

　徳之島は本書で紹介したように、地史的背景が地質の多様性を生み、森・里・川・海などの生態系の多様性を生み、そして生物の多様性を生みました。本書で紹介した生き物はごく一部であり、哺乳類、鳥類、爬虫類、両生類、植物、昆虫など全て合わせると、日本の面積のわずか0.1%にも満たないこの小さな島の陸上には2,000種類以上の生き物がいるとされており、もしかしたら私達が気づいていない生き物もまだまだいることでしょう。生き物の種は生命の長い歴史の結晶であり、それ自体がかけがえのない価値を持っています。希少種とされているもの、普通種とされているもの、それらが複雑なバランスのもとでこの徳之島の自然を支えています。

　そのため、徳之島の自然を守るためには、ひとつひとつの種を絶滅させないこと、生物多様性を守ることが非常に大切です。しかし、人間活動の影響などにより地球上の種の絶滅速度は過去100年でおよそ1,000倍になっていると言われています。徳之島の自然も少なからず人間活動の影響を受けています。世界の宝である徳之島の自然を守るために、徳之島の自然に迫る脅威をまず理解し、私たち一人一人がちょっとした心がけから取り組む必要があります。

1．ロードキル

　車で動物に衝突したり、轢（ひ）いてしまうことによる動物の交通事故死のことを「ロードキル」と言います。徳之島では希少動物であるアマミノクロウサギのロードキルが近年増加しています(図1)。アマミノクロウサギだけでなく、ケナガネズミ、カエル、ヘビ、ヤドカリなど多くの野生動物が交通

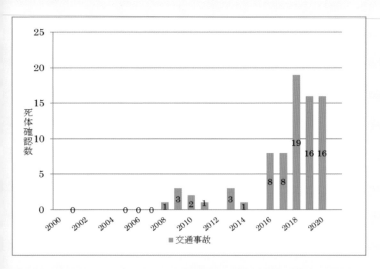

図1. アマミノクロウサギのロードキル件数の経年変化（～2020年まで）

図2. 徳之島におけるアマミノクロウサギの
ロードキル多発道路

図3. ロードキル看板・標識

事故で犠牲になっています。道路は、私たち人間だけが利用しているのではなく、野生動物の生活の場にもなっています。

徳之島でアマミノクロウサギのロードキルが多発している地点は、山の中よりも山の辺縁部の道路で多いことが分かります（図2）。なぜこのような場所でロードキルが多発するのでしょうか。徳之島では山と里の距離が非常に近くこうした山の辺縁部の道路にも野生動物が出現しやすいこと、そしてこうした道路は道幅が広く車の速度が出やすいこと、カーブなどで見通しが悪く速度が出ているとなかなか野生動物に気づかないことなどが要因として考えられます。

こうしたロードキルが発生しやすい道路には必ずロードキル防止看板や標識が設置されています（図3）。運転する人の安全、野生動物の安全のためにも、生き物への思いやりとゆとりのある運転が求められています。特に野生動物の動きが活発になる夜間に、しっかりとライトを点灯し、道路上には生き物がいないか、道路脇からの飛び出しはないか注意して運転すること、ロードキル防止看板や標識を見たらいつでも速度を落とせるように運転することが大事です。

2. 密猟・盗掘

希少な動物や植物を自分のコレクション集めのため（鑑賞目的）、時には販売してお金を稼ぐため（商売目的）に採集することを密猟・盗掘と言います。珍しい動物や綺麗な植物を見かけるとつい捕ってしまいたくなる人もいるかもしれません。しかし、むやみに捕ることはその生き物を絶滅させてしまうことにつながります。

絶滅危惧種の代表的な減少要因として

「開発」に次いで多いのが「捕獲・採集」とされています。徳之島でも希少な生き物が多く生育・生息しているだけに、違法な捕獲・採集が後を絶たない状況が続いています。

　盗掘・盗採を防止するために、様々な取り組みが行われています。環境省が所管している種の保存法や鹿児島県や徳之島3町で所管している条例では、希少な生き物の捕獲・採集などを禁止しています（表1）。指定種数は年々増加しており、違反すると多額の罰金や懲役が課せられます。また、定期的なパトロールや林内への監視カメラの設置を行っています（図4）。パトロールは警察と合同で行うこともあり、島民の方による自主的なパトロールも近年増加しています。島の玄関口である空港などではポスターの掲示や普及啓発活動が展開されてきました（図5）。また、主要林道である山クビリ線をはじめとする林道の通行規制が開始されています。

　同じ島の住人である生き物を守るためにも、自然の生き物はむやみに捕らずに、なるべくその場で観察することが大切です。

図4. パトロールの様子

図5. 空港での普及啓発活動

表1．徳之島における希少な野生生物を守る主な法制度（2021年4月時点）

	対象種	主な指定種例	規制等
種の保存法	国内希少野生動植物種：18種	アマミノクロウサギ、ケナガネズミ、トクノシマトゲネズミ、アマミヤマシギ、アカヒゲ、オビトカゲモドキ、イボイモリ、トクノシマテンナンショウ	捕獲・採取、殺傷、損傷 譲渡等 譲渡を目的とした広告・陳列
鹿児島県希少野生動植物の保護に関する条例	県指定希少野生動植物：16種	バーバートカゲ、キバラヨシノボリ、ヤシガニ、リュウキュウサワガニ、ハツシマカンアオイ、オナガエビネ、フウラン、カクチョウラン、ナゴラン	捕獲・採取、殺傷、損傷 所持・譲渡等
徳之島3町希少野生動植物の保護に関する条例	徳之島3町指定希少野生動植物：31種	ヒメフチトリゲンゴロウ、アマミマルバネクワガタ、アマミシカクワガタ、ヤマトサビクワガタ、マルダイコクコガネ、ダイサギソウ、アコウネッタイラン、トクノシマエビネ、トクノシマカンアオイ、オオバカンアオイ、タニムラアオイ、ハマトラノオ、アマミアオネカズラ、アマミテンナンショウ、オオアマミテンナンショウ	捕獲・採取、殺傷, 損傷 所持・譲渡等

文化財保護法	国指定天然記念物:6種	アマミノクロウサギ、ケナガネズミ、トクノシマトゲネズミ、アカヒゲ、カラスバト、オカヤドカリ	現状変更(捕獲、殺傷等)
鹿児島県文化財保護条例	県指定天然記念物:3種	オビトカゲモドキ、イボイモリ、アマミハナサキガエル	現状変更(捕獲、殺傷等)
鹿児島県ウミガメ保護条例	県内の海岸に上陸しているウミガメ	アオウミガメ アカウミガメ	捕獲、殺傷 (卵の採取、き損を含む)

※表に示した以外にも、場所によって規制がかかる種もあります。

※年々指定種は増加しておりますので、指定種や詳しい規制について知りたい方は各法制度の所管自治体にお問い合わせください。

3. 外来種

アフリカマイマイ　　　　　　　　　　ギンネム　　　　　　　　アメリカハマグルマ

『もともとその地域にいなかったのに、人間の活動によって他の地域から入ってきた生物』のことを外来種と言います。そのような意味では私たちが普段口にしているお米や野菜や肉などの食べ物やペットとして飼われているイヌやネコ、ハイビスカスなどの街路樹や庭木などの多くが外来種です。私たちの生活はいつの間にか外来種なしでは成り立たなくなっています。人が管理して自然の中に侵入しないようにすれば問題ないのですが、管理しきれなくなって自然の中に侵入してしまうと元々島に住んでいる生物や私たち人間の生活に大きな影響を与えることがあります。徳之島にもそのように管理しきれなくなり多方面で影響を与えている外来種がすでに定着しています。

（徳之島で見られる外来種の例）

ノネコ、ノイヌ、ニホンスッポン、ティラピア類、ハイイロゴケグモ、アフリカマイマイ、スクミリンゴガイ、ニューギニアヤリガタリクウズムシ、アカギ、アメリカハマグルマ、オオゴンカズラ（ポトス）、オオキンケイギク、ギンネム、ボタンウキクサ、ホテイアオイ、モクマオウ、モミジヒルガオ、ランタナなど

図6. ノネコによるアマミノクロウサギ
　　幼獣の捕食

　徳之島で島の生態系に特に大きな影響を与えているのが、ノネコです。ノネコとは、野山で生き物を食べて生活している野生化したネコのことをいい、実は世界の各地で生態系への被害が確認されています。徳之島ではアマミノクロウサギなどの在来種の捕食が確認されており、山中におけるネコの捕獲が行われています。2014年8月10日～9月10日には、死体からのDNA検出やセンサーカメラの画像からネコによるものと考えられたアマミノクロウサギの死体が9匹も確認されました。また、徳之島では集落など人の生活圏で生活し人から餌をもらっているネコが山にいる希少種を捕食することが2019年の研究で証明されました。そのため、ノネコの発生源となる飼い猫対策も非常に重要になります。徳之島3町では飼い猫条例の制定など適正飼養の推進や市街地や集落においてノラネコの個体数を増やさないためのTNR（捕獲→不妊去勢措置→リリース）などが行われています。

図7. 島の子供達による外来種（オオキン
　　ケイギク）駆除

　イヌによる被害も度々確認されており、2019年9月26日～28日にはわずか3日間でイヌによるものと見られるアマミノクロウサギの死体が7匹も確認されるという衝撃的な事件も発生しました。また、2020年10月13日～14日にかけては、徳之島の集落の居住地域内でイヌによるものと見られるアマミノクロウサギの死体が2匹確認され、イヌにおいても里と森を行き来して希少種を捕食していることが示唆されました。

　島民の方による外来植物の駆除活動も近年盛んになってきました。一方、外来種は一度増えてしまうと、対処に莫大な労力が必要になってしまいます。そのために、外来種を「入れない」「捨てない」「広げない」の3原則を守ることが重要になります。特にペットや家畜は最期まで責任を持って適切に飼育・管理することが必要です。島の生物と私たちの生活を守るために、外来種問題について知り、一人一人が責任ある行動をとることが大事です。

4. 適正利用の推進

　人と生き物が共生していくために、開発による影響を最小限にしたり、開発してはならない場所やそのレベルを場所ごとにルールとして定める必要があります。その制度が国立公園になります。

　徳之島を含む奄美群島国立公園は、そこに生息・生育する多様な生物だけでなく、国内最大規模の亜熱帯照葉樹林、マングローブやサンゴ礁など、陸から海にかけて多様な生態系が認められて2017年3月に日本で一番新しい国立公園として指定されました。自然だけでなく、奄美群島国立公園には計17の集落が含まれ、自然と集落の暮らしの中で培われた地域の環境文化もこの国立公園の魅力です。

　国立公園の中には森や海や集落など様々な種類の土地があり、手つかずの自然に近いところから

凡例
地種
■ 特別保護地区
■ 第一種特別地域
■ 第二種特別地域
■ 第三種特別地域
■ 普通地域

	特別保護地区	◆当該公園の核心部。厳正保護。
許可制	第1種特別地域	◆核心部に準ずる場所。厳正保護並み。
	第2種特別地域	◆上下2地域の中間。調整で景観等維持。
	第3種特別地域	◆通常の農林漁業ならおおむね許容。
届出制	普通地域	◆上記地域の保護のための緩衝地域。

図8. 徳之島における奄美群島国立公園区域図と各区域の規制の強さ

人々との暮らしの中で培われた自然までが混在しています。これらを適切に守るためにそれぞれの場所を区域毎に分け、国の法律で規制をかけています。

区域毎に規制の強さは異なり、例えば、最も規制が厳しい特別保護地区では、動植物を許可なく捕獲・採集すること、木竹を許可なく損傷すること、落ちている枝や葉を許可なく拾うことさえも規制されています。第1種特別地域、第2種特別地域、第3種特別地域では、木竹を許可なく伐採すること、建築物などを許可なく建てること、土石を許可なく採取すること、指定されている動植物を許可なく捕獲・採集することが規制されています。

固有で貴重な生き物を一つ一つ守ることも重要ですが、その生き物が暮らす場が壊れてしまえば、生態系のバランスはたちまち崩れ、多くの生き物に悪影響が出てしまいます。国立公園はそうした生き物が暮らす上での基盤を適切に守り利用する仕組みです。

国立公園の他にもエコツーリズムにより自然の適正利用が図られています。エコツーリズムとは、自然環境への影響を最小限にしながらそれを体験・学習し、地域振興や観光振興や環境教育にも役立てる活動のことです。

エコツーリズムを推進していくために、徳之島を含む奄美群島では2017年2月から「奄美群島エコツアーガイド認定制度」の運用が開始されました。様々な条件や講習を経て認定されたガイドはまさに島の自然・文化について深い知識を持ち、島の自然・文化が悪影響を受けないように適切に利用し伝えていく存在です。徳之島の自然を守るためには多くの人が徳之島の自然について知ることが大事ですが、エコツーリズムはまさに自然を守りながらそうした機会を与えてくれる活動だと言えます。

適正利用は自然を利用する全ての人が実現できる行動です。例えば、ゴミを捨てずに持ち帰る、歩道を外れて歩かない、動植物をむやみに捕らないなど、ちょっとした心がけの積み重ねが、この自然の感動を後世まで繋ぐことになります。

以上のような自然保護活動とは別に、徳之島の人々は古くから自然に対する畏敬の念を持っており、そのことが徳之島の自然をここまで残した要因とも考えられています。そして今なお島の人々によって徳之島の自然は支えられています。世界の宝となった徳之島の自然をこれからも守り未来へと残していくために、まずは徳之島の自然のすばらしさを知り、自然と共生するための一人一人の選択が求められています。

【参考文献】

第1章 徳之島の地質と岩石

石原与四郎・佐々木華（2020）下原洞穴遺跡周辺の地質と洞穴・洞穴堆積物、「下原洞穴遺跡・コウモリィョー遺跡」、171-192

太田英利（2012）琉球列島を中心とした南西諸島における陸生生物の分布と古地理、月刊地球、34、427-436

大塚裕之・堀口敏秋・中川久夫（1980）徳之島から発見された鹿化石について、琉球列島の地質学的研究、5，49-54

沖縄県高等学校地学教育研究会編（2001）「おきなわの石ころと化石」、150p、東洋企画、沖縄

沖縄県立博物館・美術館（2020）「岩石」令和2年度博物館特別展展示図録、95p、沖縄県立博物館・美術館

加藤祐三（1985）「奄美沖縄岩石・鉱物図鑑」、159p、新星図書出版、沖縄

兼子尚友（2007）沖縄島および琉球弧の新生界層序、地質ニュース、No.633、22-30

神谷厚昭（2008）「琉球列島ものがたり－地層と化石が語る二億年史」、189p、ボーダインク、沖縄

木崎甲子郎（編）（1985）「琉球弧の地質誌」、278p、沖縄タイムス社、沖縄

斎藤　眞・尾崎正紀・中野　俊・小林哲夫・駒澤正夫（2009）20万分の1地質図幅「徳之島」　産業総合研究所地質調査総合センター、解説・図

新城竜一（2014）琉球弧の地質と岩石：沖縄島を例として、土木学会論文集A2（応用力学）、70，応用力学論文集、17、I、3-8

平　朝彦・海洋研究開発機構（2021）「地球科学入門　地球の観察」、268p、講談社、東京

中川　毅（2017）「人類と気候の10万年史」、218p、講談社

中川久夫（1967）奄美群島 徳之島・沖永良部島・与論島・喜界島の地質（1）、東北大学理学部地質学古生物学教室研究報告、63、1－39

中田　高・高橋達郎・木庭元晴（1978）琉球列島の完新世離水サンゴ礁地形と海水準変動、地理学評論、51、87-108

中村和郎・氏家　宏・池原貞夫・田川日出夫・堀　信行編（1996）「日本の自然地域編8 南の島々」、216p、岩波書店、東京

古川雅英・藤谷卓陽（2014）琉球弧に関する更新世古地理図の比較検討、琉球大学理学部紀要、98，1-8

町田　洋・太田陽子・河名俊男・森脇　広・長岡信治編（2001）「日本の地形7 九州・南西諸島」、355p，東京大学出版会、東京

町田　洋・新井房夫（2003）「新編火山灰アトラス」、360p、東京大学出版会、東京

屋久島地学同好会（2015）「屋久島の地質ガイド」、132p、屋久島環境文化財団、鹿児島

山田　努・藤田慶太・井龍康文（2003）鹿児島県徳之島の琉球層群（第四系サンゴ礁複合堆積物）、地質学雑誌、109、495-517

加藤幸弘（1993）奄美海台の地質構造と地形．水路部研究報告、29、51-64、海上保安庁

小林哲夫（2013）徳之島に分布する火山灰層と津波堆積物－徳之島における火山災害および津波災害の可能性－．「南九州から南西諸島における総合的防災研究の推進と地域防災体制の構築」報告書、鹿児島大学地域防災教育センター

川野良信・加藤祐三（1989）鹿児島県徳之島深成岩類の岩石学的研究，岩鉱、84、171-191

松岡廣繁（2010）琉球列島の特異な地史と生物地理、第9回日本分類学会連合公開シンポジウム講演要旨

第2章 徳之島の植物

琉球植物誌 初島住彦 沖縄生物教育研究会 1975

日本の野生植物シダ編 岩槻邦男編 平凡社 1992

日本の野生植物I・II・III 佐竹義輔・大井次三郎・北村四郎・亘理俊次・冨成忠夫 平凡社 1982

日本の野生植物木本I・II 佐竹義輔・亘理俊次・冨成忠夫 平凡社 1989

琉球の樹木　大川智史・林将之　文一総合出版　2016

琉球弧植物図鑑　片野田逸郎　南方新社　2019

日本維管束植物目録　邑田仁・米倉浩司　北隆館　2012

鹿児島県の植物方言　鹿児島県立博物館　1980

日本産テンナンショウ属図鑑　邑田仁・大野順一・小林禧樹・東馬哲雄　北隆館　2018

第3章 徳之島の生き物たち

藤田喜久・藤井琢磨（2019）徳之島及び沖縄島からのドウクツベンケイガニの初記録、Fauna Ryukyuana 48：1-3

林　健一（2011）1.2 世界の淡水甲殻十脚類．川井唯史・中田和義　編著．エビ・カニ・ザリガニ―淡水甲殻類の
　　保全と生物学―．pp. 8－38．生物研究社．東京

鹿児島大学生物多様性研究会編（2019）奄美群島の水生生物―山から海へ　生き物たちの繋がり―　245 p．南方
　　新社、鹿児島

小林大純・内田晃士・鈴木廣志・藤田喜久（2019）琉球列島のアンキアライン洞窟におけるドウクツヌマエビの新
　　分布記録．Fauna Ryukyuana, 51：9-12

加川徹夫（2006）徳之島写真集　島史．177p．南方新社、鹿児島

加藤昌一・奥野淳兒（2001）エビ・カニガイドブック　伊豆諸島・八丈島の海から　157p．TBS ブリタニカ、東京

川本剛志・奥野淳兒（2003）エビ・カニガイドブック2　沖縄・久米島の海から　173p．阪急コミュニケーション
　　ズ、東京

駒井智幸監修。豊田幸詞・関慎太郎著（2014）日本の淡水性エビ・カニ―日本産淡水性・汽水性甲殻類 102 種-．255p．
　　誠文堂新光社．東京

西村三郎編著（1995）原色検索日本海岸動物図鑑 [II]．663p．保育社，東京

三宅貞祥（1983）原色日本大型甲殻類図鑑（II）．277p．保育社、東京

酒井　恒（1976）日本産蟹類．講談社、東京

諸喜田茂充（1976）琉球列島の陸水産エビ類の分布と種分化について―Ⅰ．琉球大学理工学部紀要（理学編）、18 号：
　　115－136

諸喜田茂充（1979）琉球列島の陸水エビ類の分布と種分化について-Ⅱ．琉球大学理学部紀要、28 号：193-278

鈴木廣志（2016）第3部　第7章　薩南諸島の陸水産エビとカニ　―その種類と生物地理-．鹿児島大学生物多様
性研究会　編．奄美群島の生物多様性―研究最前線からの報告-．pp. 278－347．南方新社．鹿児島

鈴木廣志（2020）エビ・ヤドカリ・カニから鹿児島を見る．鹿児島大学島嶼研ブックレット 12．90p．北斗書房．東京

鈴木廣志・成瀬　貫（2011）1.3 日本の淡水産甲殻十脚類．川井唯史・中田和義　編著．エビ・カニ・ザリガニ―
　　淡水甲殻類の保全と生物学―．pp. 39－73．生物研究社．東京

鈴木廣志・佐藤正典（1994）かごしま自然ガイド　淡水産のエビとカニ．141p．西日本新聞社、福岡

武田正倫（1982）原色甲殻類検索図鑑．284p．北隆館、東京

【写真提供】

　　写真及び図版については概ね執筆者の方々からの提供によりますが、「第 2 章　徳之島の植物」
及び「第 3 章 第 1 項 陸の生き物」の写真の多くは故中村正弘氏からの寄贈写真を活用いたしま
した。そのほか池村 茂氏（動・植物）、重久 勇氏（植物）、指宿安夫氏（植物・鳥類）、環境省 徳
之島管理官事務所及び奄美野生生物保護センター（動物）、亘 住男氏（動・植物）、柳 和憲氏（航
空写真）の各氏から写真の提供がございました。非常に助かりました。心から感謝申し上げます。

なお、使用させていただいた写真の内訳については次の通りです。（敬称略）

写真	提供者	写真	提供者	写真	提供者
表紙写真	事務局	ヤマモモ	池村 茂	ホテイチク	田畑 満大
目次写真	事務局	ヤマヒハツ	田畑 満大	オキノワジイ	田畑 満大
はじめに	服部 正策	モクタチバナ	田畑 満大	リュウキュウマツ	事務局
4p井之川岳展望	池村 茂	モロコシソウ	田畑 満大	ダイダイ	事務局
第1章	成尾英仁（下記以外）	ヤブツバキ	池村 茂	ウラジロ	事務局
見出写真	事務局	エゴノキ	重久 勇	ツワブキ	田畑 満大
図7	事務局	タイワンヤマツツジ	田畑 満大	オオアマミテンナンショウ	中村 正弘
コラム滝（下段）	事務局	サクラツツジ	池村 茂	ナナバケシダ	服部 正策
図20の右下	亘 住男	シマミサオノキ	大宜見浩	コモチナナバケシダ	池村 茂
第2章		リュウキュウハナイカダ	事務局	ムシャシダ	池村 茂
見出写真	池村 茂	ギンリョウソウ	池村 茂	タイワンアマクサシダ	中村 正弘
アマミアオネカズラ	中村 正弘	リュウキュウアイ	池村 茂	トウツルモドキ	田畑 満大
トクノシマカンアオイ	中村 正弘	ニッケイ	林 美樹	アコウネッタイラン	中村 正弘
コショウジョウバカマ	中村 正弘	オオシロショウジョウバカマ	中村 正弘	ナンバンキンギンソウ	中村 正弘
トクノシマテンナンショウ	中村 正弘	オオカナメモチ	池村 茂	アキザキナギラン	田畑 満大
トクノシマエビネ	中村 正弘	オキナワスズムシソウ	池村 茂	リュウキュウマメガキ	池村 茂
オナガエビネ	田畑 満大	タイワンショウキラン	中村 正弘	ミズオオバコ	田畑 満大
ホウロクイチゴ	事務局	レンギョウエビネ	服部 正策	ヒメスイカズラ	田畑 満大
リュウキュウミヤマシキミ	田畑 満大	カンラン	服部 正策	ハマトラノオ	中村 正弘
ヒメサザンカ	指宿 安夫	ナゴラン	事務局	オキナワチドリ	重久 勇
ミヤマシロバイ	田畑 満大	キンギンソウ	池村 茂	ホウザンツヅラフジ	中村 正弘
オオシマムラサキ	田畑 満大	サクララン	池村 茂	モンパノキ	指宿 安夫
アマミタムラソウ	指宿 安夫	シャリンバイ	事務局	オキナワギク	事務局
オオシマガマズミ	池村 茂	ツルグミ	重久 勇	モクビャッコウ	指宿 安夫
イルカンダ	池村 茂	オキナワウラジロガシ	中村 正弘	イソマツ	事務局
イワヒバ	田畑 満大	アマミアフカシ	重久 勇	ユウナ	事務局
タニムラアオイ	中村 正弘	ギョボク	服部 正策	第3章第1節	
ハツシマカンアオイ	中村 正弘	イジュ	重久 勇	見出写真	中村 正弘
オオバカンアオイ	中村 正弘	シマサルナシ	田畑 満大	クロウサギ	池村茂（5枚とも）
ウケユリ	田畑 満大	リュウキュウテイカカズラ	池村 茂	トゲネズミ①	池村 茂
トクノシマスゲ	中村 正弘	リュウキュウタラノキ	田畑 満人	トゲネズミ②	中村 正弘
イスノキ	田畑 満大	フカノキ	田畑 満大	トゲネズミ③	中村 正弘
ハドノキ	重久 勇	ユズリハ	服部 正策	ケナガネズミ①	池村 茂
ケナガネズミ②	中村 正弘	バーバートカゲ	服部 正策	ハロウェルアマガエル	服部 正策
松ぼっくり	池村 茂	ハブ①	中村 正弘	ヒメアマガエル	服部 正策
オリイコキクガシラコウモリ	中村正弘（2枚とも）	ハブ②	服部 正策	トクノシマノコギリクワガタ	中村 正弘
アブラコウモリ	中村 正弘	黄金ハブ③	中村 正弘	トクノシマヒラタクワガタ	中村 正弘

ワタセジネズミ	奄美野生物保護センター	ヒメハブ	中村 正弘	マルダイコクコガネ	中村 正弘
オリイジネズミ	環境省徳之島管理官事務所	ハブの孵化	服部 正策	アマミハンミョウ	池村 茂
リュウキュウイノシシ①	中村 正弘	ヒメハブの孵化	服部 正策	リュウキュウハグロトンボ	中村 正弘
リュウキュウイノシシ②	池村 茂	ハイ①	池村 茂	トクノシマトゲオトンボ	中村 正弘
リュウキュウイノシシ③	池村 茂	ハイ②	中村 正弘	トクノシマヤマタカマイマイ	中村 正弘
リュウキュウイノシシ④	中村 正弘	ハイのコンバットダンス	中村 正弘	トクネヤダマシギセル	池村 茂
アカヒゲ	中村 正弘	コンバットダンス	春川 克也	トクノシマケハダシワクチマイマイ	池村 茂
ウグイス	指宿 安夫	アカマタ	中村 正弘	第3章第2節	池村 茂（下記以外）
リュウキュウコノハズク	池村 茂	リュウキュウアオヘビ	中村 正弘	諸田のリーフ	事務局
アマミヤマシギ	池村 茂	アマミタカチホヘビ	池村 茂	亀津のリーフ	事務局
アカショウビン	中村 正弘	抜け殻	服部正策（2枚とも）	第3章第3節	鈴木 廣志（下記以外）
サシバ	中村 正弘	イボイモリ	池村茂（3枚とも）	亀徳川上流	事務局
セイタカシギ	中村 正弘	アマミハナサキガエル	池村茂（2枚とも）	諸田の磯	池村 茂
ホオグロヤモリ①	服部 正策	アマミアオガエル①	中村 正弘	コラム内ヤドカリ（下）	池村 茂
ホオグロヤモリ②	亘 住男	アマミアオガエル②	池村 茂	第4章	環境省徳之島管理官事務所（下記以外）
ミナミヤモリ	服部 正策	リュウキュウカジカガエル	池村 茂		
オビトカゲモドキ①	池村 茂	アマミアカガエル	服部 正策	見出写真	柳 和憲
オビトカゲモドキ②	池村 茂	ヌマガエル	服部 正策	アフリカマイマイ	池村 茂
オビトカゲモドキ③	服部 正策	ハロウェルアマガエル	服部 正策	ギンネム	池村 茂
キノボリトカゲ	中村正弘（2枚とも）	ヒメアマガエル	服部 正策	アメリカハマグルマ	池村 茂

【町誌編纂審議会委員】

町田 進（委員長）、皆村武一（副委員長）、深澤 秋人、大河平才毅、四本 延宏、幸野 善治、
福 宏人、政田正武

【自然部会執筆者一覧】（掲載順）

◇服部 正策（「はじめに」、「第3章 第1項 陸の生き物」）：前東京大学特任研究員。博士（農学）。
獣医師。

◇成尾 英仁（「第1章 地質と岩石」）：博士（理学）。元徳之島高等学校教諭。

◇田畑 満大（「第2章 植物」）：奄美の自然を考える会顧問。奄美市文化財保護審議会委員。2016
年度環境省自然環境功労者表彰

◇池村 茂（「第3章 第2項 イノーの生き物と暮らし」）：工房海彩経営。鹿児島県希少野生動植物
保護推進員、徳之島町文化財保護審議会委員。

◇鈴木 廣志（「第3章 第3項 川と海のエビ・カニ・ヤドカリ」）：鹿児島大学名誉教授

◇福井 俊介（「第4章 自然を守るために」）：環境省奄美群島国立公園管理事務所徳之島管理官事
務所国立公園管理官

【編集後記】

　徳之島町誌編纂事業は昭和45年に前町誌が刊行されてから約50年ぶりとなる事業です。平成30年4月にスタートして早3年余が過ぎました。構成は購読者の利便性を考慮し『通史編』、『自然編』、『地域編』の三つに分け、別々に刊行することにいたしました。本書はその第一冊目になります。

　『自然編』は令和元年6月、令和2年7月の2回専門部会を開催しましたが、これとは別に各委員による現地調査や事務局との打ち合わせは随時行いました。事務局からの要望として「対象者は一般町民並びに郷土出身者、観光客です。『徳之島町史　自然編』は、徳之島の自然の豊かさを知り、興味を持ってもらうための入門書です。見やすさ・読みやすさを重視したいと考えています。また、できるだけ人々の生活と自然との共生を意識して執筆していただけたらありがたいです」というお願いをいたしました。先生方からしますと専門的な立場で執筆したいのは山々であったはずです。無茶なお願いにもかかわらず、ご理解ご協力を賜り心から感謝申し上げます。

　3月末には各委員から原稿を提出していただき、すぐに編集作業に入ったわけですが、途中で1か月分の編集データが消えるというトラブルが生じたこともあり、刊行が少し遅れてしまいました。なお自然編の制作で一番時間と手間のかかる写真データの収集については、故中村正弘先生から寄贈いただいた200枚近い希少動・植物の写真や、さらに重久勇氏、池村茂氏からも数百枚に及ぶ動・植物およびサンゴや魚貝類の写真提供を受けることができました。また、一部不足した写真につきましては、「徳之島じじ＆ばばのブログ」等で人気の指宿安夫氏や亘 住男氏からご提供いただきました。本当に助かりました。ありがとうございました。

　本年7月26日に徳之島は奄美大島などと共に世界自然遺産に登録されました。本書の刊行は、まさにその記念号といえます。このすばらしいタイミングで『徳之島町史　自然編　島の恵み』が刊行できることは幸運としか言いようがありません。

　自然は、私たち島に住む者にとっては当たり前にあるものですので、つい身の回りの植物や動物などを見過ごしてしまいがちです。しかしながら動植物や岩石などはすべて名前があり、よく見るとたいへん個性豊かな姿をしています。徳之島が世界自然遺産に登録されたこの機会に、ぜひ山へ川へ海へとカメラを手に出かけてみてはいかがでしょうか。発見に次ぐ発見にワクワクしてくるはずです。世界自然遺産登録地「徳之島」を大いに楽しみましょう。

徳之島町誌編纂室

本書は皆さまから寄せられた「ふるさと納税」を活用して刊行しています

～世界自然遺産登録記念～

徳之島町史 自然編　恵みの島

発行年月日　令和 3（2021）年 11 月 1 日

執　　　筆　徳之島町史 自然部会

編集・刊行　徳之島町誌編纂室（徳之島町教育委員会社会教育課町誌編纂室）

　　　　　　〒891-7101　鹿児島県大島郡徳之島町亀津 2918 番地
　　　　　　徳之島町生涯学習センター3 階
　　　　　　電話番号　0997-82-2908　　　FAX　0997-82-2905

発　　　行　株式会社 南方新社　〒892-0873　鹿児島市下田町 292-1
　　　　　　電話番号　099-248-5455　　振替　02070-3-27929
　　　　　　URL　http://www.nanpou.com/
　　　　　　e-mail　info@nanpou.com

印刷・製本　株式会社 イースト朝日
　　　　　　©徳之島町 2021 Printed in Japan
　　　　　　ISBN978-4-86124-458-2 C0040